에코 플라워 레시피

ECO FLOWER RECIPE

문혜정 지음

한송이 꽃부터 시작하는 플라워 스타일링

꽃, 자연스러움의 시작.

에코 플라워 레시피에서는 소위 '플로랄폼(Floral Foam)'이라고 불리는, 페놀수지로 만들어진 꽃꽂이용 플라스틱 플로랄폼을 사용하는 디자인은 소개하지 않습니다. 너무나 쉽고, 또 흔히 사용되는 재료임에도 말이죠.

플로랄폼은 개발된 지 100년도 되지 않았지만, 꽃집의 작은 꽃바구니부터 공간 전체를 꾸미는 웨딩 플라워에 이르기까지 광범위하게 사용되고 있습니다. 많은 플라워 클래스가 플로랄폼 수업을 진행하고, 플로리스트의 자격시험을 볼 때도 플로랄폼을 사용한 과제를 수행해야 합니다.

이렇게 무분별하게 사용되고 있는 플로랄폼이 미세플라스틱 문제를 일으킬 수 있다는 것을 깨달은 것은 그다지 오래되지는 않았습니다. 전 세계적으로 문제가 점점 커져가면서 트렌디하고 유명한 해외 플로리스트들이 하나 둘 플로랄폼 사용 중단을 선언했습니다. 세계적으로 유명한 영국의 첼시 플라워 쇼는 2021년부터 아예 플라스틱 플로라폼의 사용을 금지했지만, 아직 국내에서는 그 심각성을 아는 사람이 거의 없습니다. 일회용이고, 재활용도 되지 않는다는 것까지는 알고 있지만, 그 끝이 환경오염이라는 사실까지는 깨닫지 못하고 있다는 것이 더 정확한 표현이겠네요.

저 역시 오랜 시간 플로랄폼에 의존해 플라워 디자인을 공부하고, 실제로 사용했습니다. 그러나 플로랄폼의 환경 문제에 대해 자각하고 난 뒤에는 사용을 중단하기로 마음먹었습니다. 물론 잠시 혼란도 겪었죠. 플로랄폼이 없으면 어떻게 만들 수 있을지 막막하기만 했던 상품들도 있었지만, 얼마 지나지 않아 적당한 대체재를 찾을 수 있었습니다. 대체재가 없는 게 아니라 관심이 없었던 것이었습니다.

사실 고민 자체가 무색하다고 볼 수 있어요. 플로랄폼이 발명되기 몇백 년, 몇천 년 전부터 인간은 꽃을 가꾸고 꽃으로 집안을 장식해 왔으니까요. 플로랄폼의 등장 이후 알고 있던 방법들을 잠시 잊고 있었을 뿐이죠.

썩지 않는 플로랄폼을 보며 저는 점점 초조해졌습니다. 빨리 더 많은 사람에게 이 사실을 알리고 노플로랄폼 운동에 동참하자고 하고 싶었습니다. 다소 유난을 떨며 플로랄폼 사용을 중단하자는 메시지를 SNS에 올리고, 수업을 하고, 유튜브에 영상을 찍어 올리고, 민간자격증을 만들고, 이제는 이렇게 책으로까지 내게 되었습니다.

처음에는 이 책에 에코(ECO)라는 거창한 단어를 붙여도 되는가에 대해 많은 고민이 있었습니다. 플로랄폼을 사용하지 않으니 '노플로랄폼 플라워 레시피' 여야 하지 않을까? 친환경이라는 큰 범위의 단어가 처음 꽃을 접하는 사람들에게 왠지 모를 부담이 되지는 않을까? 자유로운 플라워 디자인을 제한하는 단어가 되지는 않을까?
하지만 몇 날 며칠을 고민해 봐도 가장 이해하기 쉽고, 어떤 것을 지향하는지에 대해서는 이 '에코'라는 단어만큼 적절한 것이 없었습니다.

이 책에서는 꽃으로 할 수 있는 다양한 장식과 디자인을 어렵지 않은 방법으로, 쉽게 시도할 수 있는 저만의 방식으로 소개하고 있습니다. 거창하지는 않지만 자유롭게 상상하고, 꽃이 가진 아름다움을 최대한 자연스럽게 표현하기 위한 여러 가지 시도의 결과물들입니다. 그리고 그 방법은 자연에 해가 되지 않는 한에서, 주변에서 구하기 쉬운 꽃과 재료를 사용하려고 했습니다. 자유와 자연스러움은 일맥상통합니다.

플로랄폼이라는 제한을 벗어던지자 꽃에 대한 상상력과 그것을 실현하는 과정에서의 즐거움은 이전보다 더욱 커졌습니다. 꽃이 더 좋아졌죠.
제가 너무나 사랑하는 꽃을, 자유롭고 자연스러운 방식으로 처음 접하는 분들이 늘어나길 바라며 차근차근 이 책을 따라올 수 있도록 구성해 보았습니다. 한장 한장 책을 넘기는 동안 한 송이의 꽃으로 시작해서 공간을 채우고, 작은 컵 하나에서 달항아리까지 조금씩 규모가 커지는 만큼 꽃에 대한 애정도 깊어질 것입니다.

아름다운 꽃을 만진다는 건 늘 설레면서도 좌절하게 되는 작업입니다. 완벽에 가까운 것을 원래의 것보다 더 아름답게 만들기 위해 고민하는 것은 얼마나 맥이 빠지는 일인지 모릅니다.

하지만 아름다운 꽃들과 보내는 시간과 그것을 표현하기 위한 여러 과정은 무엇과도 비교할 수 없는 즐거움입니다. 이 책을 보며 실습을 할 때 무언가 생각처럼 잘 안 된다는 생각이 들더라도 너무 속상해하지 않으시길 바랍니다. 여러분은 그 과정과 여정을 온전히 즐기면 됩니다. 어떻게 해도 꽃은 아름답고, 향기로우니까요. 우리는 자연스러운 꽃을 자연에 가깝게 표현하고, 또 그대로 자연으로 돌려주면 됩니다. 그렇게 하나씩 쌓아나가다 보면 여러분은 자신만의 디자인, 자신만의 꽃을 발견할 수 있을 겁니다.

이렇게 아름다운 의도와 결과물을 가진 책이 나올 수 있도록 기회를 주신 출판사 플로라와, 열심히 함께 아이디어를 내고 사진을 찍어주신 윤희 기자님, 곁에서 제 모든 순간을 걱정하시는 부모님, 가족, 친구, 지인분들, 그리고 제가 슬퍼할 때마다 노래하고 춤추며 웃게 해주고, 저를 달랠 궁극의 야식을 주문해준 저의 제일 친한 친구이자 최고의 애인인 남편에게 고마운 마음을 전합니다.

* 마야플로르는 플로랄폼을 자연물로 대체하고,
제철의 아름다움을 전하는 '자연주의 플라워 디자인'을
연구하며 가르치는 플라워 스튜디오입니다.
instagram.com/mayaflor_co
www.mayaflor.co.kr

꽃, 자연스러움의 시작. ··· 6

Choosing & Buying Flowers 좋은 꽃 잘 고르는 방법 ················· 13
Condition for Cut Flowers 꽃이 좋아하는 환경 ······················· 17
Caring and Preparing Cut Flowers 컨디셔닝 ·························· 18
Tools 도구 ·· 24
Equipment 재료 ··· 26
Vessels & Containers 화기(花器) ·· 28

한 송이의 아름다움으로 시작하는 플라워 디자인 ············· 36
생활 속에서 쉽게 적용해 볼 수 있는 플라워 디자인

In your Bed Room 침실의 편안한 꽃 ·· 38
On your Console 콘솔 위 우아한 꽃 ··· 40
In your Living Room 거실의 향기로운 꽃 ···································· 42
In your Kitchen 식탁 위 경쾌한 꽃 ·· 43
On your Desk 책상 위 진정의 꽃 ··· 44
Flower LAB 실험적인 디자인 시험관 모아 꽃기 ···························· 46
Flowers in Bojagi 보자기를 활용한 꽃병꽃이 선물 ······················· 50

조금씩 스며드는 플라워 티타임 ·································· 56
한 송이, 또는 적은 양의 꽃을 꽂을 수 있는 작은 화병 위주의 스타일링 아이디어

Morning Coffee Time 향기로운 커피타임 커피잔 꽃이 ················ 58
Tea for One Arrangement 나만을 위한 1인용 꽃꽃이 ·················· 64
Calm and Inner Peace 조용한 집중의 시간을 위한 전통 찻잔꽃이 ···· 70
Tea and Plate 티타임을 즐겁게 만드는 차판 꽃이 ························ 72
Spring Blue Sky 봄 하늘 같은 찻주전자 센터피스 ······················· 74
Romantic Mood Flower Cocktail 로맨틱 무드의 와인, 샴페인, 칵테일잔 꽃이 ···· 80
Sweet Flower Ice cream 눈으로 먹는 달콤한 아이스크림 ············ 90
Flower Cake for Your Eyes 눈으로 먹는 플라워 케이크 ··············· 96
Welcome Flower Crown for Tea Party 소박한 티파티를 위한 웰컴 화관 ···· 102

집안에서 찾은 꽃병으로 만드는 홈 플라워 디자인 ·········· 110
쉽게 구할 수 있는 용기를 활용한 플라워 디자인

Various Plates 다양한 접시에 모아 꽃기 ····································· 112
Measuring Cup Arrangement 계량컵 어레인지먼트 ················· 116

Flowers from My Grocery Bag 장바구니 아이템을 꽃꽂이로, 부추 침봉꽃이 ····· 120
Soup Bowl for Your Soul 따뜻한 느낌의 스프볼 어레인지먼트 ····· 126
Abundant Flower Noodle Bowl 풍성하게 보고 싶을 땐 면기 꽃꽂이 ····· 132
Floral Picnic Lunch Box 기분좋은 피크닉 소품, 아기자기 꽃도시락 ····· 138
Magical Curry Pot 흥미로운 형태의 카레포트 침봉꽃이 ····· 144
Big Jug Arrangement 큰 저그에 꽂는 빅어레인지먼트 ····· 150
Boiling Stew Pot Flower Arrangement 찌개 대신 보글보글 뚝배기 꽃꽂이 ····· 156
Ice Cool Glass Bowl 시원하게 연출하는 어항 얼음볼 ····· 162

집, 공간 그리고 꽃 ····· 170
공간 장식으로 확대된 플라워 디자인

Table Styling without Technique 테크닉 없이도 스타일리시한 테이블 스타일링 ····· 172
Moon Jar Arrangement 둥글고 넉넉한 느낌 그대로, 달항아리 꽃꽂이 ····· 176
Terracotta Plant Pot 식물 대신 화분에 꽂은 꽃 ····· 180
Big Table Decoration 파티와 웨딩을 위한 대형 테이블 장식 ····· 186
Oriental Tray Flower Arrangement 수반에 꽂는 동양의 멋 ····· 192
Classic Urn Arrangement 서양화의 한 장면 같은 언 어레인지먼트 ····· 198
Simple Wreath Made by Hands 손으로 사부작 사부작, 개성있는 심플 리스 ····· 204
Dingle Dangle Cheerful Hanging Decoration 대롱대롱 경쾌한 행잉데코 ····· 210
Flower Wall Decoration 밋밋한 곳의 포인트 벽장식 ····· 216
Flower Photo Spot in My House 파티의 포토스팟, 꽃 기둥 만들기 ····· 222

한 단계 더, 계절을 느낄 수 있는 핸드타이드 부케 디자인 ····· 230
꽃다발에 계절감 한 스푼 더하기

Making a Bouquet 핸드타이드 부케의 기본테크닉 ····· 232
Spring Bouquet 풋풋하고 수줍은 느낌의 봄부케 ····· 240
Summer Green Bouquet 초록의 소재를 모아 만든 시원한 여름부케 ····· 242
Autumn Bouquet 수확의 계절에는 열매로 풍성한 가을 부케 ····· 244
Winter Bouquet 섬세하고 연약한 느낌의 겨울 부케 ····· 246

계절감을 살리는 컬러 팔레트 추천 ····· 248
꽃, 자연스러운 마무리 ····· 252

Choosing & Buying Flowers
좋은 꽃 잘 고르는 방법

좋은 꽃을 잘 고르는 특별한 방법이 있지는 않다. 자주 꽃을 사고, 집안에 들여 누구보다 애정이 어린 시선으로 꽃을 관찰하고 그 특징을 기억하려는 노력이 중요하다. 어떤 꽃은 조금 덜 피었을 때 사야 수명이 길고, 반대로 어떤 꽃은 만개한 상태의 것을 사야 오히려 가장 아름다운 시기를 오래 함께 할 수 있다. 또한 꽃이 아니라 달려 있는 잎이 마르지 않았는지를 살피는 게 중요하다거나, 줄기 끝이 물렁거리는지, 단단한지를 확인하는 것이 필요할 수도 있다.

모든 꽃은 각자의 방법으로 사인을 보내주기 때문에 좋은 꽃을 고르는 것은 많은 경험과 그 경험을 기억하는 것이 중요하다. 때로는 특징들을 기록해 두는 것도 도움이 된다. 사계는 반복되고 제철의 꽃은 다시 돌아오니까.

꽃잎이 촉촉하고 매끈한 것

꽃이 시들어가는 제일 첫 번째 사인은 마르는 것이다. 절화(생화)가 물을 제대로 먹을 수 있다면 수명이 길지만 그렇지 않다면 곧바로 수분 부족에 시달릴 것이다. 물을 먹지 못하는 꽃은 하루 이틀 내에 죽는다. 꽃잎이 이미 말라가고 있다면 그 꽃은 물을 제대로 먹지 못하는 상태일 수 있다. 다만, 운반이나 배송 중 물 밖에 나와 있어서 물 올림이 되지 않은 상태라면 줄기 끝을 사선으로 2~3cm 정도 잘라낸 뒤 물에 꽂아주면 다시 물을 올려 생생하게 살아날 수 있다. 꽃시장에서 바로 사 온 꽃은 컨디셔닝을 거친 꽃과 비교하면 아무리 싱싱해도 시들해 보일 수 있다. 그래서 꽃집에서 사 온 꽃은 늘 그대로 물에 꽂는 것이 아니라 줄기 끝을 새로 커팅한 뒤 꽂아주는 습관을 들이는 것이 좋다.

줄기가 무르지 않은 것

꽃이 물을 제대로 먹으려면 물을 끌어 올리는 줄기나 가지가 손상되지 않아야 한다. 가지가 꺾이거나 부러진 상태라면 부러진 부분을 제거하거나 잘라내 다시 물을 먹이면 살아나지만 줄기가 부패되기 시작하여 물렁거리거나 흐물거린다면 단순히 줄기를 자르거나 신선한 물을 주는 것으로 꽃을 되살리기 어렵다.
신선한 꽃이라도 여름이나 장마철에는 습도 때문에 꽃잎이나 줄기가 물러지는 경우가 있다. 이때는 물렁거리는 부분을 전체적으로 다 잘라내고 새로 물을 먹이면 다시 생생해지기도 한다. 다른 꽃들 사이에 줄기가 물러서 썩은 꽃을 같이 물에 꽂아 둔다면 그 한송이가 다른 꽃들의 수명에 영향을 미칠 수도 있으므로 줄기 상태는 틈틈이 체크해야한다.

잎이 마르거나 변색되지 않은 것

꽃에 달린 잎은 꽃보다 더 먼저 시들 때가 있다. 얇은 잎, 수염같이 가느다란 잎은 오래되거나 상태가 좋지 않은 꽃이 아니더라도 물 내림이 심하기 때문에 컨디셔닝을 할 때 다 제거하는 게 좋다. 하지만 두툼하고 큰 잎이 이미 말라가고 있다면 그 꽃은 오래되거나 물을 잘 먹지 못한 상태일 가능성이 크다.

마른 잎을 다 제거하고 줄기를 짧게 커팅한 후 신선한 물에 꽂아주면 수명을 조금 더 늘릴 수 있다. 뿌리가 없는 꽃에게 필요 없는 잎과 잔 가지는 양분을 공급해야 하는 부담을 주는 존재이다. 처음에는 정리하는 게 왠지 꽃에게 해로울 것처럼 생각되어 망설이게 되겠지만 오히려 마르거나 시든 잎을 깨끗하게 정리해 주는 것이 꽃에게 큰 도움을 준다.

봉오리 vs. 만개, 어떤 상태의 꽃을 골라야 할까

대표적으로 장미는 보통 절화상태에서 만개하는 게 어려운 꽃이다. 땡땡한 봉오리를 들여와서 천천히 피운 뒤 만개할 때까지 최대한 오래 즐기려고 하는 계획은 생각대로 되지 않을 가능성이 높다. 꽃 냉장고가 있다면 낮은 온도에서 조금씩 피어나게 할 수 있겠지만 보통은 피지 않고 봉오리 상태로 말라버릴 수 있다. 그러므로 완전한 봉오리 상태보다는 살짝 벌어져 피어나는 상태인 것을 들여오는 게 좋다. 또한 장미는 물 올림이 잘 안되기 때문에 줄기가 긴 것보다 짧게 자른 것의 수명이 더 길다. 오랫동안 보고 싶다면 길이가 긴 화병보다 짧게 꽂을 수 있는 화병에 꽂는 것을 추천한다.

반대로 작약은 온도가 조금만 올라가면 바로 활짝 피어나는 꽃에 해당한다. 이미 피어 있는 것보다 아이스크림처럼 동그란 봉오리 상태일 때 사는 것이 좋다. 봉오리일 때 구입하더라도 집으로 돌아오는 동안 만개할 가능성이 있다.

튤립이나 아네모네는 온도에 따라 꽃봉오리가 열리고 닫히는 특징을 가지고 있다. 낮은 온도에서는 입을 앙 다문 뾰족한 형태를 띠지만 따뜻한 곳에서는 조금씩 열려서 둥글게 피어난다. 튤립의 뾰족한 봉오리 느낌이 좋다면 조금 서늘한 곳에 두고, 활짝 핀 모습이 좋다면 너무 온도가 낮지 않은 곳에 두어야 한다. 아네모네는 만개한 상태가 훨씬 아름답기 때문에 꼭 필요한 때가 있다면 미리 따뜻한 곳에 꺼내 놓고 살짝 피운 뒤 쓰는 것이 좋다.

꽃들은 공통적으로 온도가 너무 높은 것을 좋아하지 않는다. 생장하기 위해서는 따뜻한 날씨가 도움이 되지만 이미 생장을 끝내고 꽃을 피운 상태에서는 더 피어나지 않도록 일정하게 서늘한 온도에 두어야 오랫동안 꽃이 지속된다. 겨울이라면 집안의 온도(20℃ 안팎)가 좋고 여름에는 시원하고 서늘한 곳을 찾아 두고 물이 부패하지 않도록 자주 갈아주어야 한다. 꽃집의 꽃 냉장고는 10~15℃ 정도를 유지하는 편인데 가정용 냉장고는 이보다 온도가 훨씬 낮기 때문에 냉장고에 보관하려면 반드시 신문지 등으로 싸서 얼지 않도록 조치를 한 뒤 보관해야 한다.

Condition for Cut Flowers
꽃이 좋아하는 환경

햇빛? 바람? 물? 꽃이 좋아하는 환경은 무엇일까. 뿌리가 있는 식물(분화)과 절화(생화)는 좋아하는 환경이 서로 조금 다르다. 보통 화분에 심는 식물은 적당한 햇빛이 있어야 광합성에 도움이 되지만 절화는 광합성이 필요 없기 때문에 햇빛은 필수요소가 아니다. 오히려 직사광선에 노출하면 온도가 올라가 수명이 짧아질 수 있다. 환기나 통풍은 식물이나 꽃 모두 좋아하지만 강한 바람은 좋아하지 않는다. 바람과 햇빛이 강한 날에는 창가에 절화를 두지 않도록 해야 한다.

또한 식물은 넓게 뻗은 뿌리를 통해 흙에 있는 물을 흡수하지만, 절화는 뿌리가 없기 때문에 잘린 줄기 끝으로만 물을 흡수할 수 있다. 그러므로 물의 컨디션이 꽃의 수명에 절대적인 영향을 미친다.

물은 반드시 깨끗해야 하며, 모든 꽃의 줄기 끝이 물에 잠겨 있어야 한다. 뿌리가 없는 꽃이라도 물을 마시기 때문에 꽃병에 물이 줄어들었다면 곧바로 추가해 주고 물을 갈아주며 꽃병도 매일 세척해 주는 것이 좋다.

이때 물속의 세균 억제를 위해 락스를 넣는다거나, 양분 보충을 위해 설탕을 넣어주는 경우가 있는데 비율을 제대로 맞추지 못한다면 오히려 해가 될 수 있다. 시중에 파는 플라워 푸드(절화보존제)를 사용할 수도 있으나 무엇을 추가하는 것보다는 새로운 물을 갈아주는 것이 가장 간단하고도 효과적인 방법이다.

Caring and Preparing Cut Flowers

컨디셔닝

꽃집에서 사 온 꽃은 보통 컨디셔닝 과정을 거친 것들이 대부분이다. 하지만 꽃시장에서 사 온 꽃들은 컨디셔닝을 하지 않은 경우가 많다. 컨디셔닝은 꽃의 수명 연장을 위해, 그리고 꽃 작품을 만들기 위한 전처리 과정으로 반드시 거쳐야 한다.
여기에서는 대표적이고 집에서도 따라 하기 쉬운 몇 가지 컨디셔닝 방법을 소개하려고 한다.

필요 없는 잎과 손상된 잔가지 정리하기

뿌리가 없는 절화(생화) 상태의 꽃은 잘린 줄기 끝으로 물과 양분을 흡수한다. 그러므로 흡수한 물을 최대한 많이 꽃에 공급하여 수명을 보존하기 위해 필요 없는 부분들은 과감히 정리하는 것이 컨디셔닝의 첫 번째 과정이다. 한 가지에 너무 많은 꽃줄기가 뻗어 있다면 줄기의 길이가 너무 짧지 않은 선에서 적절히 나눠주고, 줄기에 붙어 있는 잎과 부러지거나 덜렁거리는 잔가지를 모두 깔끔하게 떼어낸다.

장미처럼 가시가 있는 꽃들은 가시를 훑어내어 손이 다치지 않도록 하고, 옥시페탈륨이나 생강초, 수선화처럼 진액이 나오는 타입의 꽃들은 다른 꽃들에 진액이 묻거나 물을 탁하게 하지 않도록 따로 관리한다.

물통에 꽃을 넣었을 때 물속에 잎이나 손상된 잔가지가 들어가지 않을 정도까지 정리해야 한다. 물속에 들어간 이파리들은 금방 썩어서 물을 탁하게 만든다. 기억하자. 깨끗한 물에 신선한 꽃과 가지만을 넣어야 한다. 꽃의 수명은 얼마나 깨끗한 물을 원활하게 공급하느냐에 달려있다.

물 올림

깨끗하게 정리가 끝난 꽃들은 적절한 처치를 통해 물을 공급해주는 '물 올림' 과정을 거치는데 물 올림 방법은 아래와 같이 다양한 방법을 활용할 수 있다. 뿌리가 없는 꽃들에게 더 쉽게 물을 마실 수 있도록 해주는 물 올림 과정은 꽃의 특성이나 상황에 맞게 선택하면 된다.

사선으로 줄기 자르기

뿌리를 자른 꽃(절화)은 농장에서 경매장, 꽃시장, 꽃집을 거쳐오는 동안 물을 먹을 기회가 거의 없다. 잘라낸 줄기 끝이 이미 말라 버렸기 때문에 사 온 꽃을 바로 물에 꽂는다 해도 물을 먹는 것이 어렵다. 하지만 말라버린 줄기 끝을 조금 잘라내 버리는 것으로 쉽게 줄기의 도관을 다시 한번 뚫어줄 수 있다. 줄기 끝을 자를 때는 직선보다 사선으로 잘라주는데, 물을 먹을 수 있는 줄기 끝의 면적을 최대한 늘려주기 위해서이다. 꽃집에서 집까지의 거리가 아무리 가깝다 해도 5분 이상 물 밖에 있었던 꽃은 줄기 끝을 자른 뒤 꽂아주는 것이 좋다.

물속 자르기

줄기를 자를 때 자르는 부분을 물속에 넣고 잘라주는 방법이다.
공기 중에서 줄기를 자를 때 자른 줄기 끝으로 공기가 먼저 유입되면 물을 올리는 게 어려우므로 아예 줄기를 물속에서 자른 후 보관하고자 하는 물통으로 옮겨준다.
큰 볼(Bowl)에 물을 가득 담고 줄기 잠기게 넣은 뒤 끝을 자른다. 간단하지만 사선 자르기만 하는 것보다 효과가 좋다. 높이가 높고 좁은 통은 물속에 손을 넣고 줄기를 자르는 것이 어려우므로 입구가 조금 넓은 볼을 사용하는 것을 추천한다.

열탕처리

물올림이 잘 되지 않는 꽃들에게 사용하는 방법 중 하나이다. 너무 여린 줄기를 가진 꽃들은 아예 데쳐질 수 있기 때문에 줄기가 단단하고 딱딱한 꽃들에게 주로 사용한다.

소국, 마트리카리아, 장미, 해바라기, 맨드라미, 투베로사, 작약, 메리골드 등 나뭇가지는 아니지만 딱딱한 느낌이 드는 줄기를 가진 꽃들이 이 경우에 해당한다. 열탕 처리는 위의 두 방법보다 준비 과정이 조금 복잡하고 제대로 하지 않을 경우 오히려 꽃을 더 빨리 시들게 할 수 있으므로 주의 해야 한다.

아래 순서를 확인 후 따라 해보자.

1. 70℃~80℃ 정도로 데운 물을 물통에 채운다. 너무 팔팔 끓인 물은 조금 식혀서 사용한다.
2. 꽃의 얼굴 부분만 신문이나 종이로 감싸준다. 뜨거운 물이나 김이 꽃잎에 바로 닿게 되면 오히려 꽃이 시들 수 있다.
3. 줄기 끝을 조금 잘라내고(물속 자르기를 병행해도 좋다) 바로 뜨거운 물에 줄기를 넣는다.
4. 10~15초 정도 있다가 꺼내어 깨끗하고 차가운 물을 가득 담은 물통에 넣어서 서늘한 곳에 보관한다.

*꽃의 종류에 따라 열탕에 넣는 시간이 달라지는데, 줄기가 가늘고 연약할수록 시간이 짧아야 한다.
*줄기는 약 10~15cm 정도만 뜨거운 물에 담그는데 전체적인 꽃의 길이를 고려하여 조절한다.

탄화처리

열탕 처리보다 더 극단적인 방법으로 아예 가지 끝을 불에 태우듯 지져주는 방법이다. 줄기가 나뭇가지로 되어 있으면 단순히 줄기 끝을 잘라주는 것만으로는 물올림이 되지 않기 때문에 나무줄기와 같은 딱딱한 꽃들에게 사용한다. 목수국, 불두화와 같은 아이들은 탄화처리를 할 때 물 올림이 좀 더 잘 되는 경향이 있다. 그 외에는 옥시페탈륨처럼 자른 뒤 진액이 흘러나오는 꽃들도 탄화처리를 하기도 하는데, 탄화처리를 통해 물 올림이 좋아지는 경우도 있고 오히려 도관이 더 막히는 경우도 있기 때문에 테스트를 거쳐 효과를 확인 후 진행하는 게 좋다.

1. 2~3cm 정도 커팅을 한 줄기 끝을 촛불, 가스레인지, 버너 등에 골고루 그을리듯 태워준다.
2. 깨끗한 물을 가득 넣은 통에 탄화처리한 꽃을 넣고 서늘한 곳에 보관한다.

가지 쪼개기, 짓이기기

단단한 가지나 나무 소재들(절지)의 컨디셔닝을 위해 탄화처리 대신 가지를 쪼개거나 짓이기는 방법을 사용해도 된다. 꽃 가위나 절지 가위로 줄기 끝을 십자(+) 또는 더 잘게 칼집을 내주는 것이다. 가지가 가늘어서 칼집을 여러 차례 내주는 것이 어렵다면 아예 고무망치 같은 것으로 줄기 끝을 짓이겨 주는 방법도 있다. 아주 단단한 나뭇가지의 섬유질을 짓이겨 주는 방법은 물 올림을 용이하게 해주지만 짓이겨진 섬유질이 부패하여 물이 금방 탁해질 수 있음으로 다른 방법들보다 물을 더 자주 갈아주어야 한다.

꽃별로 물의 양 조절하기

보통 컨디셔닝 후 바로 사용하는 것보다 꽃들에게 잠시 휴식 시간을 주는 것이 좋다. 꽃 냉장고가 있다면 꽃 냉장고에 넣어두고 집에서는 환기가 잘되고 서늘한 그늘에 둔다. 필요에 따라 30분~하루 정도가 필요할 수도 있다. 이때 꽃을 넣어둔 물통에 물을 꽃별로 적절히 넣어야 한다.

대부분의 꽃은 꽃 통에 물이 가득한 것을 좋아한다. 특히 장미처럼 줄기가 딱딱하고 목이 잘 굽는 꽃들은 깨끗한 물이 가득 찬 통에 넣어 보관한다. 물 내림이 심한 꽃들도 물을 가득 채워주는 것이 좋다. 수국 같은 꽃은 물을 너무 좋아하기 때문에 꽃을 아예 물에 한번 담갔다가 보관하는 것도 좋다. 다만 다른 꽃들은 꽃잎에 물이 닿으면 물러질 수 있음으로 주의한다.
그러나 거베라, 라넌큘러스, 카라 같이 줄기 속이 비어 있는 꽃들은 물통에 물을 가득 채우는 것보다 1/3 정도만 채워주는 것이 좋다.

꼭 기억할 것

- 물을 먹을 수 있는 면적을 가장 넓게 해주기 위해 대부분의 경우 줄기는 사선으로 자른다.
- 물 밖에 오래 있었던 꽃을 다시 물에 넣기 전에는 줄기 끝을 1~2cm 정도 잘라 준다.
- 물은 시간이 지날수록 부패하므로 화병의 물을 매일 깨끗한 물로 바꿔 주어야 한다.
- 꽃을 꽂아둔 화병 안에 물때가 끼므로 화병도 함께 깨끗하게 씻어준다.
- 꽃의 줄기가 물러져 물을 탁하게 만든다면 무른 부분을 잘라내 준다.
- 물 올림이 잘 안 되는 딱딱한 줄기의 꽃은 물이 가득 찬 통에 보관하고,
  줄기 속이 비어 있는 꽃은 물통의 물을 1/3 정도만 채워 보관한다.

Tools
도구

꽃꽂이는 다른 취미 활동에 비해 도구나 부재료가 많지 않아도 된다. 아래에 소개하는 다양한 도구들을 한꺼번에 모두 갖추고 시작하기보다 여러 번 실습과 연습 후 필요한 도구들을 하나씩 추가로 구입하거나 준비하는 것을 추천한다. 주로 책에서 소개하는 플라워 디자인을 실습할 때 필요한 것들을 위주로 소개한다.

 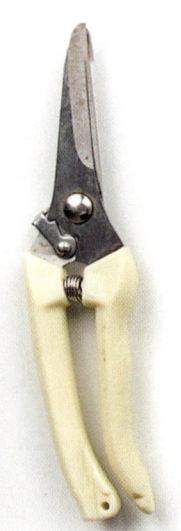  

꽃 가위
꽃을 다루는 데 있어 가장 중요한 도구를 딱 하나만 고르라고 한다면 꽃 가위를 선택할 수 있다. 꽃 가위는 일반 가위보다 힘이 세고, 꽃의 줄기를 자를 때 줄기의 막힘을 최소화해서 꽃이 물을 먹는데 용이하게 해 주기 때문에 꽃의 수명뿐 아니라 안전을 위해서라도 꼭 준비하기를 권한다.

전지(절지)가위
꽃 가위로 잘리지 않는 단단하고 두꺼운 가지를 자를 때 쓰는 전용 가위로, 보통 꽃 가위보다 날이 짧고 훨씬 두툼하다. 손가락을 걸어 쓰는 형태보다 집게의 형태로 된 것이 대부분인데, 자주 사용하지는 않지만 꽃보다 그린 소재(폴리지/Foliage)를 선호한다면 갖춰 두는 것을 추천한다.

리본(종이)가위

꽃다발에 사용할 리본이나 포장지를 자를 때 사용하는 문구용 가위이다. 꽃 가위는 날이 짧고 두툼해 힘이 세지만 섬세한 작업에는 적합하지 않다. 꽃 가위로 종이나 리본을 자르려고 하면 찢어지거나 삐뚤빼뚤 잘릴 가능성이 크고, 줄기를 자르면서 가위가 젖어있거나 꽃물이 들어 포장지까지 더럽히게 될 수 있기에 잘 드는 문구 가위 하나 정도는 도구함에 준비해 두는 것을 추천한다.

롱노우즈

와이어를 당기고, 조이고, 자를 수 있는 용도로 롱노우즈를 추천한다. 와이어 작업을 자주 하는 것은 아니지만 와이어를 자르기만 하는 와이어 커터보다는 다양하게 조작할 수 있고 작고 가벼운 공구인 롱노우즈가 훨씬 활용도가 높다.

Equipment
재료

침봉

무거운 철판에 침(pin)이 가득 박혀 있는 침봉은 한국식의 동양 꽃꽂이에서 오랫동안 사용되었던 고전적인 재료이다. 거의 반영구적으로 재사용할 수 있기 때문에 꽃과 관련된 도구나 부자재에 투자를 한다면 가장 효과적인 재료이다. 묵직한 것을 사용하는 것이 안정적이며 플라스틱으로 된 가벼운 침봉은 반드시 퍼티를 사용하여 화기 바닥에 단단하게 고정한 뒤 사용해야 한다.

침봉 클리닝 브러쉬

침봉을 사용하다 보면 사이 사이에 떨어진 꽃잎, 벗겨진 나무껍질 등 사용한 꽃들의 찌꺼기가 끼는 경우가 많다. 그냥 두면 다음번 사용할 때 물을 흐리게 하거나 꽃이 제대로 고정되지 않을 수 있기 때문에 가는 철사 침으로 만들어진 브러쉬로 침봉 사이를 긁어내듯 청소해 주어야 한다. 꼭 전용 기구가 아니더라도 튼튼한 브러쉬나 칫솔을 사용할 수 있다.

치킨와이어

노플로랄폼 플라워 디자인에 가장 많이, 자주 사용하는 꽃 고정 장치 중 하나이다. 말 그대로 닭장을 만들 때 사용하는 치킨와이어(닭장망)는 사용이 쉽고, 침봉에 비해 가격이 높지 않으며 재사용/재활용 할 수 있다. 화기에 맞게 재단하여 넣고 와이어의 구멍에 꽃을 넣는 것으로 손쉽게 꽃을 제 위치에 고정할 수 있다. 재사용할 수 있는 특징이 있기 때문에 온라인 철물점이나 노플로랄폼 플라워 재료샵에서 소분된 것을 구입하여 사용하는 것을 추천한다.

플로랄 테이프

얇은 꽃테이프로, 접착면이 따로 있는 것이 아니라 감을 때 살짝 당기듯 감아주면 끈끈해져서 테이프끼리 접착이 되는 식으로 사용할 수 있다. 주로 와이어에 감아 색을 감춰주거나 줄기에 와이어나 꽃 가지를 연결해 줄 때 주로 쓴다. 방수 테이프는 아니지만 물기가 있어도 사용할 수 있다는 장점이 있다. 접착면이 없기 때문에 어딘가에 부착의 용도로는 쓸 수 없고 감아서 소재를 연결하는 용도로만 사용이 가능하다.

플로리스트 퍼티

고무찰흙과 비슷한 질감을 가지고 있어서 말랑말랑하고 끈적끈적하다. 테이프처럼 돌돌 말려 있는데 적당량 뜯어서 체온을 더해 모양을 만든 뒤 침봉을 화기에 붙이고 단단히 고정시키는 역할을 한다. 방수가 되지만 처음 부착할 때는 침봉과 화기가 모두 말라있는 상태에서 사용해야 한다. 여러 번 재사용이 가능하다.

이끼

침봉이나 치킨와이어 사용 시 보조재료로 사용하거나, 사용할 수 없을 때 대체재로 사용하기도 한다. 물에 충분히 불려 사용하면 플로랄폼처럼 물을 머금고 있기 때문에 꽃에 수분을 공급할 수 있다. 물이끼(수태)는 물에 넣었을 때 물이 탁해지지 않아 깨끗하게 사용할 수 있고, 깃털이끼나 비단이끼는 노출된 치킨와이어을 덮어서 사용할 수 있다.

방수테이프

물기가 있는 곳에 부착할 순 없지만 부착 후 물기가 묻어도 떨어지지 않는다. 주로 화기와 치킨와이어를 고정할 때 사용하고 꽃다발을 만들 때 바인딩용 로프로도 사용할 수 있다. 두께나 컬러도 고를 수 있으므로 용도에 맞게 선택하면 된다.

내추럴 플로랄폼

페놀수지로 만들어진 내추럴 폼은 일반 플라스틱 폼보다 가격이 조금 더 높고, 조직감이 조금 질기지만 꽃을 꽂는 데는 큰 문제가 없고, 물이 마르면 다시 물을 먹여 재사용할 수 있다. 사용이 끝난 폼은 잘게 찢어 화분이나 화단에 두면 자연스럽게 썩어 분해된다(미네랄과 비료 성분도 있어 식물에 도움이 된다).
다만 상품명이 '에코'라는 이름으로 판매중인 플라스틱 폼도 있으니 현무암과 자당으로만 만든 내추럴 폼인지 구분하는 것이 중요하다. 현재 한국에서 구입할 수 있는 내추럴 폼은 아그라울사의 시도우라는 제품이다.

Vessels & Containers
화기 (花器)

절화는 반드시 어떤 형태의 화기에든 꽂아야 한다. 꽃다발 역시 누군가에게 최종적으로 전달이 된 후에는 물이 든 화병에 꽂게 된다. 그러므로 플라워 디자인에 있어서 화기는 매우 중요한 요소 중 하나이다. 땅을 떠난 꽃이 마지막까지 머무는 집 같은 것이라고 생각해도 좋다.
같은 꽃이라도 어떤 화기를 사용했는지에 따라 잘 어울리는 것이 있으며 같은 화기라도 어떤 꽃을 꽂느냐에 따라 서로 다른 느낌이 나기도 한다.

하지만 화기를 특별히 꽃을 꽂는 용도만 가진 어떤 것이라고 보기는 어렵다. 꽃이 꽂혀있고 꽃을 꽂을 수 있다면 그 어떤 용기라도 화기라고 부를 수 있으며 오히려 '꽃병'이라고 용도를 제한한 것보다 꽃병으로 쓸 수 있을지 몰랐던 것에 꽃을 꽂음으로써 새로운 디자인을 발견할 수도 있다.
그러니 집 안에 있는 다양한 형태의 용기들을 찾아보며 이곳에는 어떤 꽃을 꽂으면 좋을지, 어떤 식으로 어레인지를 하면 아름다울지 상상하고 새로이 쓰임을 발견해 보는 것도 영감을 얻는 좋은 방법이 될 것이다.

Material
재질에 따른 분류

Glass 유리

안이 투명하게 들여다보이는 유리 화병은 초보자들에게 아주 좋은 화기이다. 불투명한 화기는 물이 얼마나 부족한지, 언제 물을 갈아주어야 하는 건지 초보자가 감을 잡기 어렵지만, 유리화기는 보고 쉽게 결정할 수 있기 때문이다. 매끈하고 길쭉한 형태보다는 허리가 살짝 들어간 곡선이 있는 유리화기가 꽃을 꽂기에는 쉽다.

Ceramic 도자기

꽃과 잘 어울리는 컬러나 그림이 그려진 도자기 화병은 그 자체로 예술이 된다. 가장 선택의 폭이 넓은 카테고리이기도 하다. 한두 개를 모으다 보면 자기만의 취향이 무엇인지, 집에 잘 어울리는 것은 무엇인지 파악할 수 있게된다. 모던한 느낌의 인테리어에는 매트한 표면의 솔리드 컬러의 화병을, 동양적이고 정적인 인테리어에는 곡선이 살아있는 달항아리나 잔잔한 손 그림이 그려진 화병을 추천한다.

Wood 나무

물을 항상 담아야 하는 꽃의 특성상 나무 재질의 꽃병은 사용하기 꽤 까다로운 화기이다. 하지만 물을 담아도 괜찮은 우드 컵이나 트레이를 선택하거나 안쪽에 작은 접시나 용기를 덧대어 사용하면 물 처리 문제를 해결할 수 있고 물 처리가 필요 없는 드라이 플라워를 어레인지 할 수도 있다.

Metal 금속

나무와 마찬가지로 물에 취약한 재질이다. 하지만 금속 재질 특유의 느낌이 매력적이라 물 처리만 잘 된다면 화기로 사용해도 좋다. 나무 꽃병을 사용할 때와 마찬가지로 녹슬지 않도록 페인트 코팅이 되어 있는지 확인하고 아니라면 내부에 작은 용기를 하나 더 넣어 사용한다.

Type
형태 및 용도에 따른 분류

Cup 컵

음료나 물을 마실 때 쓰는 일반적인 컵, 손잡이가 있는 머그컵, 와인잔, 찻잔 등 다양한 형태와 크기를 가지고 있는 컵은 꽤 흥미로운 화기가 된다. 보통 컵은 윗지름이 아래쪽보다 크거나 원통형으로 비슷한 특징이 있고 높이가 높지 않으므로 작고 낮게 꽃을 꽂아 가볍게 기분전환을 하기 좋은 화기이다. 테이블 세팅을 할 때 식기와 세트의 컵을 화기로 사용하면 통일감이 있다.

Kettle & Jug 주전자

주전자의 형태를 띤 화기이다. 꽃병 디자인 중 손잡이가 달린 것들도 해당되지만 실제 차나 음료를 담는 티포트, 저그 등을 활용해도 좋은 화기가 된다. 높이가 높고 큰 것은 대형 어레인지먼트로, 작고 낮은 것은 소박한 테이블 센터피스로 만들면 잘 어울린다. 물을 따르는 주둥이의 형태에 따라 개성 있는 디자인으로 완성할 수 있다.

Tray & Plate 수반 & 접시

높이가 낮고, 바닥이 평평하고, 넓적한 수반이나 접시는 물을 가득 담을 수 없지만 침봉을 사용하기에는 적당하다. 높이가 4cm 이상된다면 침봉을 사용할 수 있지만 아주 평평한 접시라면 고정재 없이 사용해도 된다. 접시 바닥에 물이 깔리도록 조금 붓고 꽃잎만 뜯어 띄우거나 줄기 끝을 물에 닿게 뉘어놓는 것만으로 분위기 있게 작품이 완성된다. 다만 꽃잎이 물에 직접 닿는 경우에는 꽃을 오랫동안 볼 수 없으므로 손님 맞이용 웰컴 플라워를 손질하다가 떨어진 아까운 꽃송이를 잠시 감상하는 용도로 적합하다.

ETC 기타

작은 컵과 화분, 바구니, 캔 등 물을 담을 수 있고 꽃을 꽂을 수 있다면 어떤 것이든 꽃병이 될 수 있다. 물이 새거나 물에 손상될 가능성이 있다면 안쪽에 작은 그릇을 하나 더 넣는 것으로 문제를 해결할 수 있다. 각각의 화기에 사이즈가 맞는 내부 용기를 찾으면 세트로 간직하고 필요할 때마다 사용하면 된다.

Style

화기의 형태에 따라 추천하는 스타일

Tall & Narrow 높고 좁은

라인이 예쁘고 길쭉한 한두 송이의 꽃을 꽂기에 좋은 꽃병이다. 다른 꽃들과 함께할 때 라인의 아름다움이 잘 보이지 않을 것 같은 꽃이라면 아예 한 송이만 꽂을 수 있는 화병을 사용해 보자. 다만 장미와 같은 꽃들은 줄기가 너무 길 경우 금방 목굽음 현상이 일어날 수 있기 때문에 물 올림이 좋지 않은 꽃이라면 이런 스타일은 피하는 게 좋다. 또한 너무 좁은 꽃병은 세척솔조차 들어가지 않는 경우가 있기 때문에 구매 시 세척이 용이한지도 꼭 확인해야 한다. 사용한 꽃병은 깨끗하게 세척해 두어야 꽃의 수명이 짧아지지 않는다.

Small & Low 작고 낮은

방이나 협탁, 식탁위에 늘 놓아둘 수 있는 작고 낮은 꽃병은 들꽃, 꽃을 다듬다가 나온 짧은 꽃들을 꽂기에 좋다. 부담 없이 사용할 수 있으며 높이가 다른 꽃병들과 함께 여러 개를 모아 테이블에 늘어 놓듯 장식하면 근사한 테이블 스타일링을 완성할 수 있다. 높이가 낮은 꽃병에 줄기를 너무 길게 자른 꽃을 꽂으면 밖으로 자꾸 빠지기 때문에 길이를 적당히 조절하는 게 중요하며 필요하다면 치킨와이어나 침봉을 세팅한 뒤 꽂을 수도 있다.

Medium & Hight 중간 정도의 크기에 높은

대부분의 꽃병에 해당하는 형태이다. 15~25cm 정도의 높이를 가지고 있으며 병 입구 지름이 중간 사이즈의 부케를 꽂아둘 수 있을 정도이다. 병의 지름이 10cm 이상이면 채우는데 생각보다 많은 양의 꽃이 필요하다. 보통 집안 장식용으로는 높이 10~18cm, 입구 지름 7~10cm 정도면 충분하다. 전체적으로 직선적인 밋밋한 화병보다는 곡선이 있는 것이 활용도가 높은데, 허리가 잘록하게 들어가고 위로 갈수록 살짝 넓어지는 화병은 화병의 곡선을 활용하여 원하는 형태를 구현하기 좀 더 쉽다.

생활 속에서 쉽게 적용해 볼 수 있는 플라워 디자인
한 송이의 아름다움으로 시작하는 플라워 디자인

'꽃을 별로 좋아하지 않는다'는 사람들도 꽃을 선물 받으면 미소를 짓는다. 꽃은 즉각적으로 우리의 반응을 끌어낸다. 오묘한 색감, 감각적인 꽃잎의 모양, 은은한 향기, 촉촉하고 부드러운 잎은 일상에 무뎌진 오감을 자극하며 자연의 아름다움과 신비를 압축하여 한 손에 쥐어주는 것만 같다.

그러니 집에 꽃을 들인다는 것은 잠시 멀어졌던 자연을 집으로 들여오는 것이고, 들여온 꽃을 정돈하고 꽃병의 물을 갈아주는 것은 자연을 존경하는 법을 배우는 것이다. 그리고 세상 찬란하게 빛나던 꽃잎들이 하나 둘 지는 것을 보며 시간의 유한함과 소중함을 깨닫고 주어진 삶에 감사하게 된다.

꽃은 *자연의 정수(Essence)다.*

시간과 감정, 예술, 철학, 순리가 압축된 생명의 정수다.
그러므로 집안을 꾸미기 위해 언제나 많은 양의 꽃이 필요하지는 않다. 장소와 잘 어울리는 꽃과 꽃병을 잘 매치하여 둔다면 한두 송이만으로도 충분하다.

그러나 자연의 수많은 꽃 중 한 송이를 선택하는 것은 꽤 높은 수준의 감각을 요구하는 것이며 그와 어울리는 꽃병을 선택하고, 그것이 어울리는 장소에 둔다는 것은 간단해 보이지만 오히려 치열한 선택과 집중이 필요하다. 나의 침실과 주방, 서재, 거실의 느낌을 어떻게 표현할 것인가를 고민하는 과정은 꽃 한 송이가 주는 최대의 즐거움일 것이다.

꽃이 처음이라면 좋아하는 꽃 몇 송이로 시작하여 조금씩 큰 사이즈의 어레인지먼트를 만들어 보는 것을 추천한다. 중요한 것은 꽃의 아름다움을 찾아내는 애정 어린 관찰과 작은 아이디어들이다.

In your Bed Room
침실의 편안한 꽃

maya's Recommend
서양란(호접란, 모카라, 심비디움 등), 장미, 튤립

maya's Choice
아스틸베, 라벤더, 호접란, 아즈마레드

침실은 집안에서 가장 은밀하면서도 사적인 공간이다. 눈을 뜨며 하루를 시작하고 마무리하며 잠이 드는 곳이니 침실에서 보는 꽃은 향이 너무 강렬한 것을 피하고 수명이 너무 짧지 않은 것으로 골라보자. 휴식을 위한 곳에서 꽃병의 물을 갈아주는 것에 스트레스를 받을 필요는 없으니까.
일어날 때 차분함보다 조금 더 활기찬 하루를 시작할 수 있는 에너지가 필요하다면 원색의 꽃을 골라봐도 좋겠다. 단, 들뜸을 조금 눌러주는 묵직하고 안정적인 화형을 골라보면 어떨까?

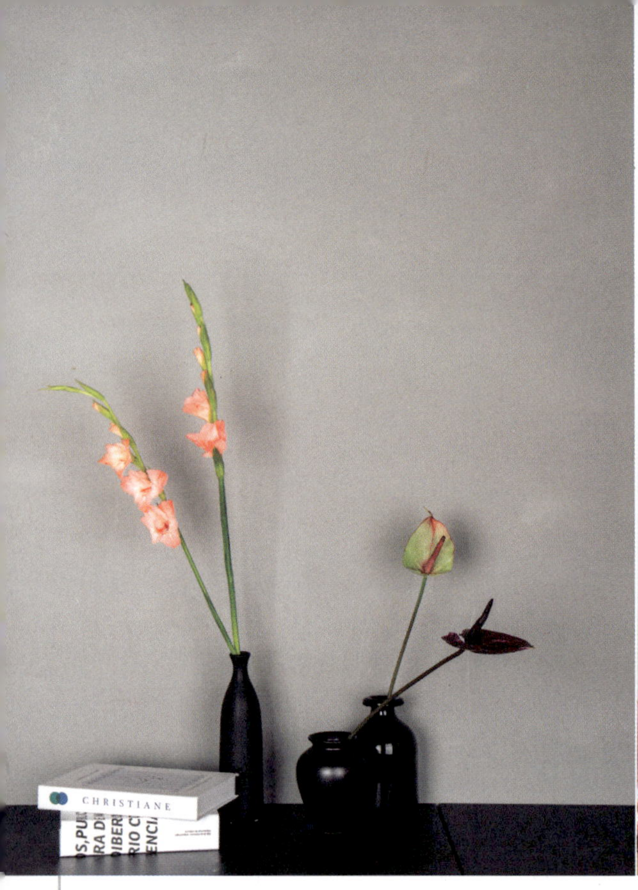
CHRISTIANE
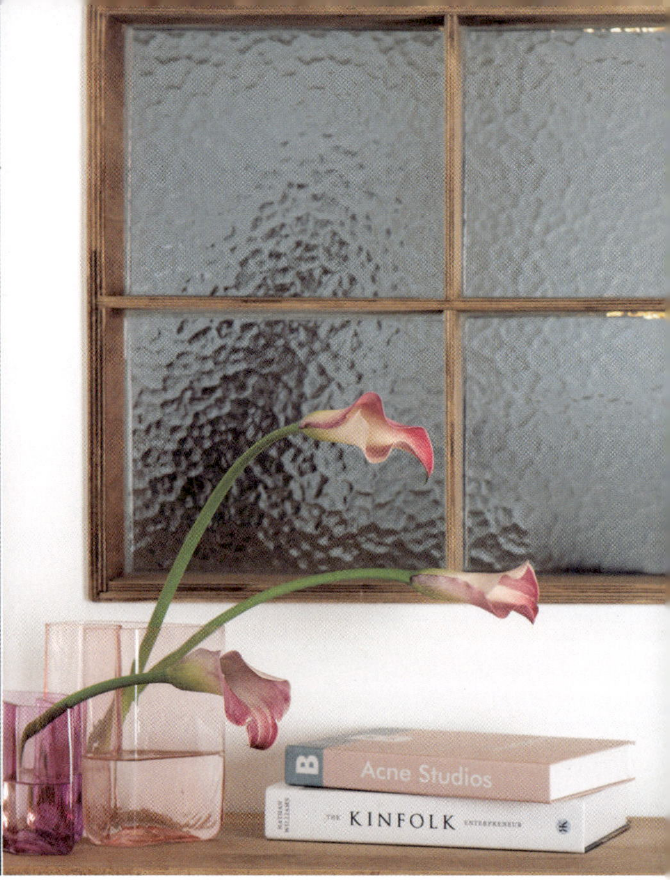
Acne Studios
THE KINFOLK ENTREPRENEUR

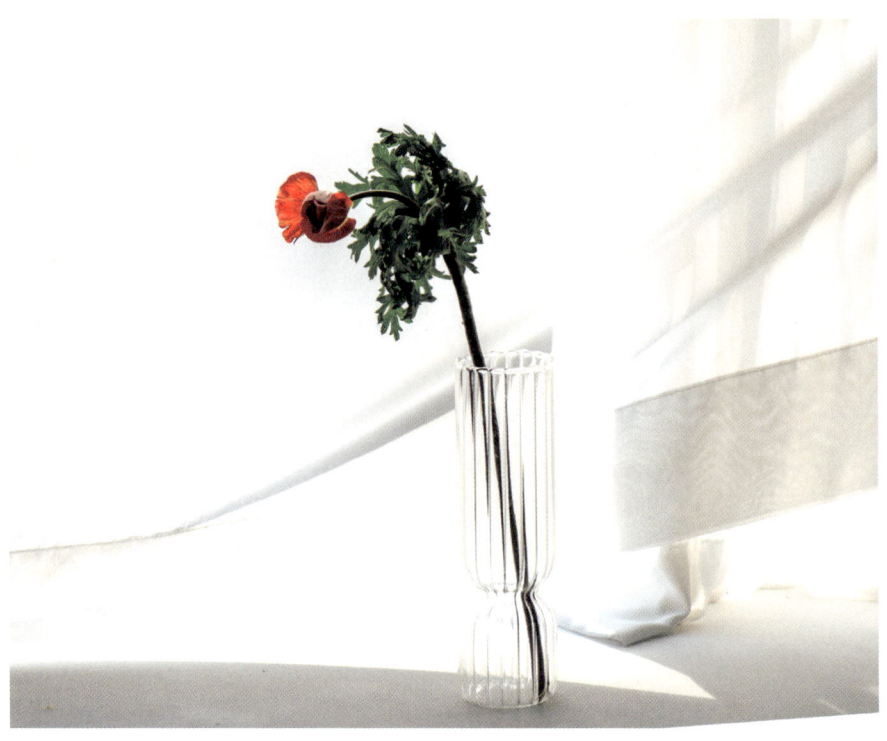

On your Console
콘솔 위 우아한 꽃

방과 거실을 나누는 복도나 코너 자리에 콘솔을 두었다면 콘솔에 어울리는 우아한 꽃을 매치하는 것을 추천한다. 머무는 곳이 아니라 잠시 잠깐 지나치는 곳에 두는 꽃은 특징적인 화형을 가진 것, 우아한 느낌이 강한 것을 위주로 골라보자. 집에 방문하는 게스트들에게도 깊은 인상을 남길 것이다. 또한 바쁜 하루를 보내며 무심히 지나쳐 가는 공간에서 만난 꽃은 나에게 짧은 휴식과 위안이 될 것이다.

maya's Recommend
카라, 안스리움, 글라디올라스, 델피늄, 글로리오사, 아미초, 아네모네

maya's Choice
안스리움, 글라디올라스, 카라, 글로리오사, 아네모네

In your Living Room
거실의 향기로운 꽃

집안의 구성원들과 외부의 손님들이 모이는 공간인 거실은 밝고 가벼운 꽃으로 분위기를 띄워줄 필요가 있다. 여기에 은은하게 퍼지는 향기까지 더해진다면 더할 나위 없다. 소파 근처의 커피 테이블 위에 올려놓은 꽃 한송이 만으로도 서로 얼마나 많은 이야기를 나눌 수 있는지 알게 된다면 깜짝 놀랄 것이다.
누군가와 자연스럽게 대화를 시작하고 싶다면, 말 없이도 편안히 서로의 시간을 보내고 싶다면 따뜻한 커피 한잔과 함께 거실에 꽃을 놓아 보자.

maya's Recommend
히아신스, 장미, 백합, 미모사, 허브류

maya's Choice
백합, 미모사

In your Kitchen
식탁 위 경쾌한 꽃

혼자서도, 여럿이도 모일 수 있는 부엌은 가족 구성원들이 에너지를 얻는 공간이다. 집 밖으로 나가기 전 에너지를 충전할 수도 있고, 하루의 에너지를 모두 사용한 뒤 새로운 에너지를 충전하기 위함일 수도 있다. 이런 곳에 어울리는 꽃은 눈으로 먹을 수 있는 음식처럼 경쾌하고 힘이 나는 것이어야 한다. 특히 식탁 위에 올리는 꽃은 식재료들과 어우러질 수 있는 형태나 입맛을 돋구어줄 수 있는 색인 것을 선택한다.

maya's Recommend
꽃고추, 꽃토마토, 레드베리, 망개, 하이베리쿰, 까치밥, 파스타거베라

maya's Choice
꽃고추, 꽃토마토, 망개, 파스타거베라

On your Desk
책상 위 진정의 꽃

maya's Recommend
스위트피, 헬레보루스, 유칼립투스, 페니쿰, 유니폴라

maya's Choice
씨드 유칼립투스, 스위트피, 헬레보루스

가장 차분해야 하는 서재에 어울리는 꽃은 컬러와 향기를 모두 고려하여 골라 보자. 코끝을 맴도는 신선한 향으로 머리를 맑게 해줄 수 있는 스위트피나 유칼립투스, 그리고 톤다운된 그린을 보여주는 헬레보루스 역시 집중할 수 있는 환경을 만들어 준다. 영감을 얻기 위해서라면 페니쿰이나 유니폴라와 같이 자유로운 율동감이 있는 폴리지 소재도 추천한다.

Flower LAB
실험적인 디자인 시험관 모아 꽂기

Lab 2

실험에 쓰이는 시험관은 한송이의 꽃을 꽂기에 아주 적합한 길이와 사이즈를 갖추고 있다. 유일한 단점은 밑부분이 둥글기 때문에 홀로 세워둘 수 없다는 것인데 시험관을 파는 문구/과학용품점에서 함께 파는 시험관랙(Rack)을 활용하면 해결할 수 있다. 플라스틱으로 된 것은 독특하고 나무로 된 것은 조화롭다. 혹은 시험관용 랙은 아니더라도 시험관을 끼울 수 있는 선반이 있다면 적극적으로 활용해 보자.

시험관 어레인지먼트에 사용하는 꽃은 줄기의 라인이 너무 뻣뻣하고 직선적인 것보다 유연하고 곡선이 진 것을 추천한다. 또한 시험관 속 물은 생각보다 양이 많지 않으므로 잊지 말고 수시로 추가해 주어야 한다.

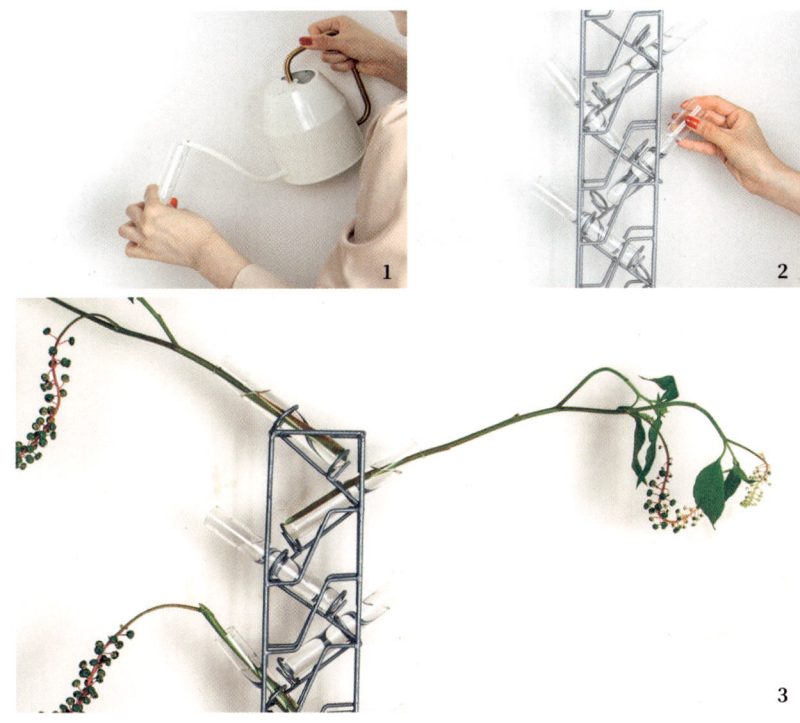

maya's Choice
Lab 1) 거베라, 클레마티스 와이어, 스마일락스
Lab 2) 금계국, 루드베키아, 초콜렛코스모스
Lab 3) 샌더소니아, 솔체꽃, 미국자리공, 꽃댕강나무

maya's Tip
꽂아놓은 시험관 중 일부에만 꽃을 꽂아도 되고, 랙에 시험관을 띄엄 띄엄 세팅해도 된다. 느낌에 따라 원하는 만큼의 시험관과 꽃을 사용해보자. 줄기의 길이 역시 똑같이 자르기 보다 길고 짧게 율동감 있게 조절해 준다.

Method

1. 주둥이가 가느다란 물조리개로 시험관에 물을 채운다.
2. 시험관랙 또는 적당한 와이어랙에 시험관을 끼워준다.
3. 준비된 꽃의 줄기 끝을 사선으로 자른 뒤 시험관에 꽂아 준다.

*시험관은 입구 지름이 1.5~2.5cm 사이의 것이 사용하기 편하다. 지름이 너무 크면 들어가는 랙을 찾기가 어렵고, 너무 작으면 물을 빨리 마른다.

Flowers in Bojagi
보자기를 활용한 꽃병꽂이 선물

준비된 꽃병이 예쁘지 않다면 꽃병을 감추는 방법도 있다. 보자기를 사용하면 하나의 꽃병으로 다양한 연출이 가능한데, 작은 화병이라면 사용하지 않는 스카프도 보자기 대신 사용할 수 있다. 폭이 약 50cm 정도 되는 보자기나 스카프가 활용도가 높다.

선물용의 꽃을 준비할 때는 고가의 꽃병이나 아끼는 꽃병을 사용하기 어려울 때가 있는데 이럴 때는 500mL 페트병의 윗부분을 잘라내고 보자기로 감싼 뒤 사용하면 운반도 쉽고, 부담 없이 선물할 수 있어서 좋다.

maya's Choice
올리브그린보자기: 얄룸, 폼폼국화, 스윗하트 장미, 아스트란시아
노란보자기: 루드베키아, 꽃댕강나무, 유칼립투스 폴리안
브라운보자기: 공작초

maya's Tip

꽃을 꽂기 전, 보자기 매듭을 여러 번 연습한 뒤 시작하는 것을 추천한다. 용기에 물을 채우고 난 뒤에는 보자기 매듭을 다시 묶거나 수정하는 것이 어렵기 때문이다. 가장 마음에 드는 매듭이 완성 된 후 꽃꽂이를 시작해 보자.

Method

1. 500mL 페트병의 윗부분을 커터칼과 가위로 잘라낸다.
2. 보자기를 펼치고 가운데 페트병을 올려놓는다.
3. 보자기의 세 귀퉁이를 똑같이 잡아 머리를 땋듯 땋아준다.
4. 끝까지 땋은 뒤 양 옆의 두 꼭지로 가운데 부분을 묶어준다.
5. 남은 하나의 꼭지는 돌돌 말아서 땋아준다.
6. 두개의 꼭지를 잡아 두번 단단히 묶는다.
7. 보자기를 벌리고 천이 젖지 않도록 페트병에 물을 조심스럽게 채워준다.
8. 줄기끝을 사선으로 잘라 꽃을 꽂아준다. 보자기 손잡이 부분에 꽃이 걸리지 않도록 높이를 높게 꽂기보다는 줄기가 아래로 늘어지도록 꽂는 것이 좋다.

한 송이, 또는 적은 양의 꽃을 꽂을 수 있는
작은 화병 위주의 스타일링 아이디어
조금씩 스며드는
플라워 티타임

운동경기를 보다 보면 정신 차릴 새 없이 급박하게 경기가 진행되거나, 불리하게 진행되는 경기의 흐름을 끊고 다시 재정비하기 위해 '타임!'을 외친다.
나는 정신 없이 흘러가는 일상의 재정비를 위해 잠시 멈춤을 선언하는 시간을 '티타임'이라고 생각한다. 티타임은 짧지만 분명 충전의 순간을 선사한다.
꽃도 비슷한 역할을 한다. 눈을 사로잡는 특이한 꽃, 보는 순간 압도되는 사이즈가 아니어도 된다. 은은한 향이 피어오르는 따스한 차 한 잔이 주는 위로처럼 잠시 멈춤의 여유를 줄 수 있으면 족하다.
티타임에서 영감을 얻은 플라워 디자인은 당신의 삶에 스며들어 짧지만 농축된 휴식과 재정비의 시간을 줄 것이다.
찬장에 넣어둔 아끼는 다기(茶器)를 꺼내어 보자. 혹은 오래전 선물 받았거나 물려받았지만 잊고 지냈던 찻잔과 찻주전자를 찾아보자.

내 찻잔에 어울리는 꽃은 어떤 색이면 좋을까?
내가 좋아하는 차향과 어울리는 꽃은 어떤 것이 있을까?
지금 이 계절에 잘 맞는 티타임 플라워는 어떤 것이 있을까?
이 다기(茶器)는 화기로 사용할 수 있을까?

찻잔은 작지만 그 안에 떠오르는 질문과 화두는 다양할 것이다. 그리고 여유롭게 그 화두에 대한 답을 찾아가는 동안 새로운 영감과 에너지가 채워질 것이다. 질문과 고민의 과정이 모두 아름답고 즐거운 취미는 꽃이 유일하다.

Morning Coffee Time
향기로운 커피타임 커피잔 꽂이

하루를 깨워주는 향기로운 커피와 함께하는 커피타임은 무엇과도 바꿀 수 없는 소중한 순간이다. 아침을 함께하는 예쁜 커피잔에 커피 대신 꽃을 꽂아보았다. 커피잔은 크기가 크지는 않지만 입구가 넓기 때문에 생각보다 많은 꽃이 들어간다. 높이가 높은 머그잔보다 드립커피나 믹스커피를 주로 마시는 낮은 커피잔은 크기가 작아도 꽃을 꽂는 게 조금 까다로운데, 작은 치킨와이어 조각을 공처럼 뭉쳐 안에 넣어주면 침봉이나 플로랄폼보다도 가볍고 간편하게 꽃을 고정해 준다. 치킨와이어 볼은 꽃이 시들고 나면 깨끗하게 씻어 말린 뒤 다시 사용할 수 있다.

maya's Choice
첫번째 잔/ 시레네, 공작초, 플록스
두번째 잔/ 스카비오사, 시레네, 고무나무잎

maya's Tip

너무 높거나 크지 않게, 전체적으로 커피잔 위에 올라간 봉긋한 생크림 느낌으로 꽂으면 잘 어울린다. 언제나 그런 것은 아니지만 작은 화기에는 작게, 큰 화기에는 크게 꽃을 꽂아주는 것이 잘 어울리고, 꽃을 꽂았을 때 정면에서 꽃의 줄기보다 얼굴이 보이도록 길이를 조절해 준다.

줄기가 보이는 것은 선이 예쁠 때, 그리고 특별히 긴 선을 강조하고 싶을 때이다. 그 외의 경우에는 꽃의 얼굴이 주인공으로 잘 보일 수 있게 어레인지한다.

고무나무의 잎은 집에서 가지치기를 하고 난 뒤 남은 큰 이파리 중 적당한 것으로 대체할 수 있다.

두 번째 잔

1

2

3

4

Method

첫 번째 잔

1. 커피잔의 크기에 맞춰 치킨와이어 조각을 준비한다. 굳이 사이즈를 맞춰서 자를 필요 없이 치킨와이어를 재단하여 쓰고 남은 자투리를 사용해도 된다.
2. 와이어가 딸려 올라올 수 있으므로 방수테이프로 고정한다.
3. 물을 채운다.
4. 준비한 꽃들을 카푸치노 거품처럼 몽글몽글한 느낌으로 꽂아준다.

두 번째 잔

1. 손바닥만한 크기의 고무나무잎을 서너 장 준비한 뒤, 커터칼이나 작은 꽃칼로 고무나무잎에 세로로 칼집을 내 준다.
2. 잎을 돌돌 말아 컵에 넣어준다. 이때 칼집의 틈이 촘촘하도록 잎을 여러 장 말아 넣는다.
3. 물을 채운다.
4. 줄기의 선이 자유롭고 자연스러운 느낌으로 보일 수 있도록 칼집 사이에 꽂아준다.

Tea for One Arrangement
나만을 위한 1인용 꽃꽂이

티포원(Tea for one)은 찻잔과 찻주전자가 하나의 세트로 탑처럼 조립된 형태의 일인용 다기이다. 그래서 홀로 조용히 간단한 티타임을 즐기고 싶을 때 주로 사용한다. 아기자기하고 동화같은 디자인의 티포원안에 들어 있는 차거름망의 구멍을 치킨와이어나 침봉 대신 사용하면 별다른 부자재 없이도 어레인지먼트를 완성할 수 있다.

maya's Choice
뽈 끌레마티스, 시레네

maya's Tip

너무 많은 종류의 소재보다 한 가지 종류의 꽃만을 활용하는 것이 더 스타일리시해 보인다. 평소 침봉에 사용할 때 가지가 너무 가늘어 고정이 어렵고 골치 아팠던 종류의 꽃들이 있다면 거름망을 활용한 어레인지먼트에는 딱 좋은 소재로 사용할 수 있다.

작품에 활용한 클레마티스와 시레네 외에 유니폴라, 코스모스, 헬리옵시스, 미니루드베키아, 냉이초와 같은 꽃들도 추천한다.

Method

1. 차거름망의 구멍 크기를 확인 후 구멍을 통과할 수 있는 가늘고 여리여리한 소재를 고른다.
2. 거름망을 뺀 뒤 물을 붓고 다시 세팅한다.
3. 차거름망 구멍에 꽃을 꽂는다. 줄기 길이를 길고 낮게 조절하면 입체감 있게 꽂을 수 있다.
4. 꽃을 꽂은 뒤 거름망을 통과하여 줄기 끝이 물에 닿는지 확인한다.
5. 추가적인 연출을 위해 찻잔, 티포트의 주둥이나 뚜껑의 구멍을 활용해 꽃을 꽂는다.

Calm and Inner Peace

조용한 집중의 시간을 위한 전통 찻잔꽃이

다도를 즐기기 위해 준비한 전통 찻잔 세트를 꽃병으로 사용할 수 있다. 대체로 차분한 컬러에 소박한 디자인을 가지고 있는 경우가 많고, 커피잔이나 홍차잔에 비해 한손에 잡힐만큼 자그마하다. 그렇기에 동양적이고 소박한 느낌의 꽃을 준비한다면 사람들과 함께 즐기는 조용한 시간에 어울리는 꽃장식이 될 것이다.

maya's Choice
공작초

maya's Tip
많은 양의 꽃이 필요한 것이 아니기 때문에 키우고 있는 허브나 화분의 꽃 한두 송이를 활용해도 좋다.

Method

1. 찻잔에는 물을 채우고 작고 가벼운 꽃 몇 송이를 짧게 잘라 넣어준다.
2. 찻주전자에도 같은 꽃을 꽂아준다.

Tea and Plate
티타임을 즐겁게 만드는 차판 꽂이

다도를 즐길 때 찻물을 흘려보내는 차판은 항상 물이 아래로 떨어지게 하는 구멍이 뚫린 판과, 흘려보낸 물을 받는 용기로 이루어져 있다. 이 두가지 조합은 꽃을 꽂을 때 좋은 구성이다. 찻잔의 물을 따라버릴 수 있게 만든 판의 구멍은 꽃을 고정하고, 물받침 용기는 물처리를 자연스럽게 도와준다. 차판이 나무로 되어 있어 오랫동안 물을 넣어두는 것이 불안하다면 드라이 소재를 활용해도 좋다.

maya's Choice
아마란서스, 라벤더

maya's Tip
드라이가 가능한 소재를 사용하여 차판 안에서 점차 말리는 방법도 있다. 차판을 자주 사용하지 않고 오랫동안 두고 볼 수 있다면 시간이 지날수록 변화하는 소재의 느낌을 관찰 할 수 있어 재미있다. 차판의 스타일에 따라 일자로 세우거나 사선으로 교차하는 등 어울리는 스타일로 꽂는다.
찻잔과 함께 같은 공간에 장식한다면 겹치는 꽃 소재를 한 두가지 함께 사용하면 세트 같은 느낌으로 연출할 수 있다.

Method

1. 필요하다면 차판의 아래 용기에 물을 붓는다. 드라이 소재라면 물을 넣지 않아도 된다.
2. 윗판을 올리고 차판 구멍에 들어갈 수 있는 사이즈의 줄기를 가진 꽃을 꽂아준다.

Spring Blue Sky
봄 하늘 같은 찻주전자 센터피스

봄을 닮은 하늘색 찻주전자를 샀다. 사려고 했던 건 아닌데 전시상품을 싸게 내놓은 매대 위에, 세트로 나온 찻잔도 없이 혼자 외롭게 봄기운을 내뿜는 것을 보니 그 안에 가득 봄을 불어 넣어주고 싶어져서 충동적으로 샀다. 여리여리한 꽃 리스트를 뒤져보니 딱 좋은 꽃이 몇 가지 있었다. 주전자와 같은 컬러의 하늘색 미니 델피늄과 레이스 우산 같은 아미초, 플레어스커트 같은 스카비오사를 잔뜩 넣어주니 딱 맞는 옷을 입은 것처럼 보인다.

maya's Choice
스무스벨 장미, 미니 델파늄, 리시안서스, 헬레보루스, 스카비오사, 아미초, 클레마티스 씨드

maya's Tip

화기에서 영감을 얻어 만든 작품이다. 화기의 컬러와 찰떡으로 어울리는 꽃이 있다면 그 꽃을 베이스나 메인으로 잡고 컬러 팔레트를 펼쳐보는 것도 재미있다.

Method

1. 입구에 방수테이프를 격자 무늬로 엇갈려 붙여 꽃을 꽂을 틀을 만들어 준다.
2. 테이프가 너무 넓적하다면 반으로 접어 붙인 뒤 꽃을 꽂을 수 있는 공간을 넓혀준다.
3. 미니 델피늄으로 전체적인 레이아웃을 잡아준다.
4. 중간중간 헬레보루스를 넣어 덩어리감을 깨준다.
5. 리시안셔스로 무게감을 잡아주고 아미초는 레이스를 늘어뜨리듯 배치한다.
6. 스카비오사와 클레마티스 씨드로 포인트를 준다.

Romantic Mood
Flower Cocktail

로맨틱 무드의 와인, 샴페인, 칵테일잔 꽂이

여러 종류의 잔들 중 가장 화려한 느낌을 주는 건 술잔이라고 생각한다. 술의 종류나 특징에 따라 잔의 모양도 다양하고, 형태도 매우 아름답다. 술이라는 특성 상 잔의 크기가 크지 않은 편인데 오히려 크기가 작기 때문에 한두 송이만 꽂을 수 있는 작은 꽃병으로 활용하기 좋다.
잔의 높이가 높고 낮은 것들을 적절히 섞어 배치한다면 아주 간단한 테이블 스타일링으로도 손색이 없다.

maya's Choice
천일홍, 드라이 스위트피, 낙상홍, 판상용토마토, 망개나무열매, 구상나무, 미니 델피늄, 씨드유칼립투스, 블루버드, 클레마티스, 클레마티스 씨드, 콩, 브론질리, 정글플라워, 은이버섯

maya's Tip

잔의 깊이가 낮고 경사가 심한 마티니 잔 같은 경우에는 꽃을 꽂는다기보다 꽃잎을 띄운다는 느낌으로 사용해도 된다. 투명하게 안이 들여다 보이는 유리잔은 꽃잎이나 꽃 머리만 톡 따서 올려도 좋다. 여러 가지 종류의 잔을 함께 믹스하여 사용할 경우에는 사용하는 꽃에서 이어지는 느낌을 주어야 테이블 스타일링 시 각각의 잔들이 이질적으로 보이지 않는다.

1. 드라이 플라워 세팅

1) 천일홍 마티니
천일홍은 꽃만 따서 마티니 잔을 가득 채운다.

2) 컬러풀 샴페인
긴 샴페인 잔을 천일홍으로 채우고 말린 스위트피를 툭툭 꽂는다.

3) 마른 열매 와인
마른 낙상홍, 관상용 토마토, 망개나무 열매 등을 가득 채우고 작은 워터튜브에 클레마티스를 꽂은 뒤 열매 안에 묻는다.

2. 크리스마스 트리 와인

Method

1. 귤은 반으로 자른다.
2. 18호 두꺼운 와이어를 U자로 구부려 반으로 자른 귤을 관통한다.
3. 브로컬리도 U핀 와이어로 다리를 만들어 준다.
4. 잔에 낮은 귤과 브로컬리를 배치하고 구상나무를 길게 잘라 과감히 꽂는다.

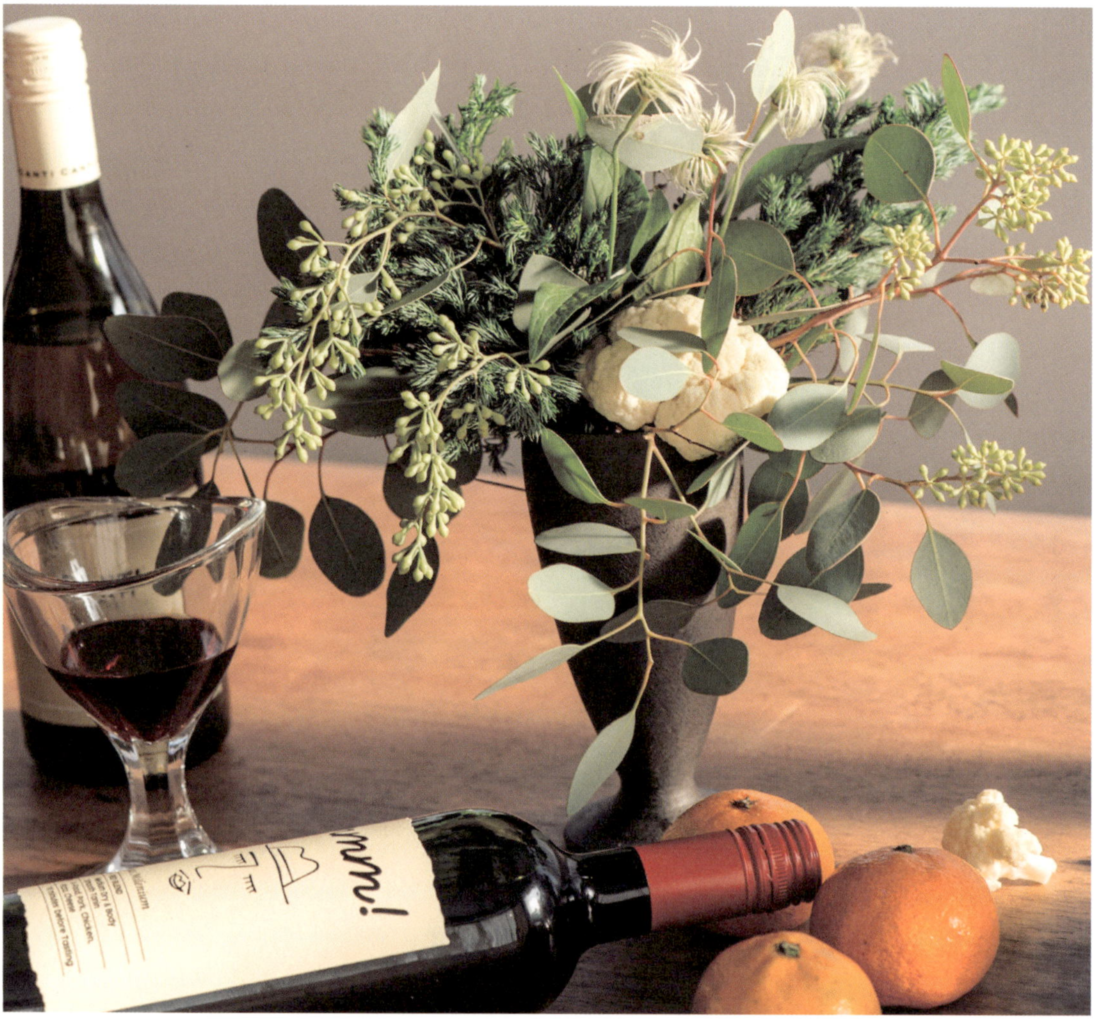

3. 블랙 미도리 샤워

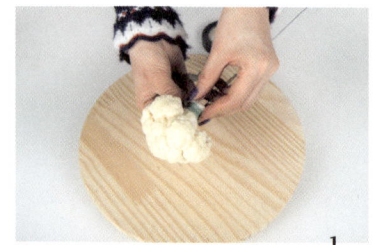

1

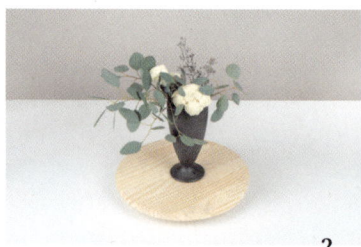

2

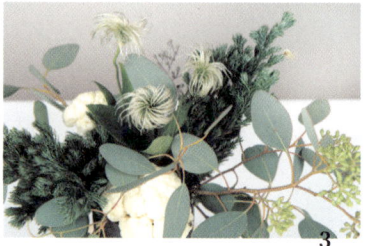

3

Method

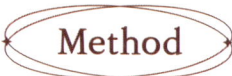

1. 컬리플라워는 U핀 와이어로 다리를 만들어 준다.
2. 씨드 유칼립투스와 블루버드를 넓게 펼치듯 꽂아 준다.
3. 클레마티스 씨드로 포인트를 준다.

4. 은이버섯 피나콜라다

물에 충분히 불린 은이버섯을 잔에 넣어 채우고 미니 델피늄을 약간 꽂아준다.

Sweet Flower Ice cream
눈으로 먹는 달콤한 아이스크림

음식을 제외한다면 달콤함을 표현하기에 가장 좋은 재료는 '꽃'이 될 것이다. 눈에 보이지는 않아도 꽃은 꿀을 품고 있다는 것을 알기에 달콤하다고 느껴지기 때문이다. 둥글둥글한 디저트 볼에 아이스크림 대신 아이스크림을 닮은 꽃을 올려본다면 어떨까. 딸기맛이 날 것 같은 핑크색의 꽃이라면 귀여운 디저트 볼에 더 잘 어울릴 것이다.

maya's Choice
품은국화, 천일홍

maya's Tip

아직 꽃을 가지고 형태를 만드는 게 익숙하지 않아 라운드 쉐입으로 꽃기 어려울 땐 꽃의 형태가 원래 둥그스름한 것을 선택하면 조금 더 쉽게 만들 수 있다. 국화 종류 중 하나인 폼폰 국화는 어느 것이든 스쿱으로 뜬 아이스크림처럼 생겼기 때문에 좋은 재료가 된다. 얼굴이 좀 더 작은 것으로는 천일홍이 있고 핑크 컬러는 아니지만 둥근 꽃으로는 브루니아, 스카비오사 씨드박스, 에키놉스, 알륨, 에키네시아(호안)과 같은 꽃들도 계절이나 공간의 분위기에 따라 사용해 볼 수 있다.

Method

1. 작은 디저트 볼 바닥에 맞는 사이즈의 작은 침봉을 넣는다. 단단히 고정이 필요하다면 퍼티를 사용하여 바닥면에 부착한다.
2. 화기에 물을 채운다.
3. 가지고 있는 폼폰국화 중 가장 큰 사이즈를 가장자리를 빙 둘러주듯 꽂아준다.
4. 다른 컬러, 조금 작은 사이즈의 폼폰 국화로 가운데 부분을 채워준다.
5. 천일홍으로 꽃과 꽃 사이 비어있는 부분을 어색하지 않게 채워 준다.
6. 전체적으로 둥그스름하게 만들어준다는 느낌으로 꽂아주고 자연스러운 느낌을 위해 천일홍을 이용해 살짝 삐져나간듯 한 선을 만들어 주어도 좋다.

Flower Cake
for Your Eyes

눈으로 먹는 플라워 케이크

플라스틱으로 만들어진 플로랄폼은 재활용이나 재사용이 되지도 않을뿐더러, 썩지도 않고 미세플라스틱으로 돌아온다. 아주 오랫동안 플라스틱 플로랄폼에 대한 개선은 이루어지지 않다가 몇 년 전 네덜란드의 원예용품 회사에서 100% 자연물로 만들어진 내추럴 플로랄폼을 발명했다. 현무암 가루를 유기당 성분으로 결합하여 만든 내추럴 폼은 몇 번 재사용 후 화단에 버리면 다시 모래로 돌아간다고 한다.

플라스틱 플로랄폼을 사용하지 않기로 결심하면서 폼 없이 만들기 가장 까다로운 디자인 중 하나를 플라워 케이크라고 생각했다. 하지만 내추럴폼이 한국에 정식으로 수입되면서 더 이상 디자인에 제한을 둘 필요가 없어졌다.

maya's Choice
품푼 소국, 시레네, 카라멜 이노센시아 스프레이 장미, 문스테라 잎

maya's Tip

조각 케이크 특유의 모양을 최대한 살리기 위해서는 꽃을 꽂는 각도를 최대한 수직과 수평으로 꽂아주어야 한다. 특히 상단에 꽂는 꽃의 각도를 뉘어서 꽂을 경우 전체적으로 둥그스름하게 형태가 무너질 수 있으므로 주의한다. 여러 조각을 만들어 모으면 한 판의 케이크 모양이 된다. 여럿이 하나씩 만들어 모아 장식해도 개성있는 케이크를 만들 수 있다.

Method

1. 조각 케이크 모양으로 폼을 자른다. (시도우 내추럴폼 1/2 조각을 세모로 자르면 조각케이크 2개 모양을 만들 수 있다)

2. 가운데 잎맥을 피해 몬스테라잎 2장을 세로로 잘라 총 두 장의 잎을 만든다.

3. 내추럴 폼을 자른 몬스테라 잎으로 자연스럽게 감싸고 겹치는 부분은 진주핀을 꽂아 폼에 고정한다.

4. 꽃을 짧게 잘라 윗면에 꽂는다. 내추럴폼의 특성상 조직감이 강해 약한 줄기는 부러질 수 있으니 줄기와 굵기가 비슷한 와이어로 미리 구멍을 뚫고 꽂아주면 쉽게 꽂을 수 있다.

5. 전체적으로 편편하게 꽂고 난 뒤 시레네로 약간의 길이감에 차이를 준다.

6. 데코용 초를 꽂을 때는 그대로 꽂아도 되지만 길이가 길지 않다면 작은 U자형 와이어를 두 개 만들어 초 양옆에 대고 플로랄테이프로 감은 후 꽂아준다.

Welcome Flower Crown for Tea Party

소박한 티파티를 위한 웰컴 화관

생화로 만든 화관은 그날 만들어 그날만 쓸 수 있다. 그래서 더 귀하고 아쉬운 액세서리이기도 하다.
친한 지인들과 함께하는 작고 소박한 파티를 준비 중이라면 손님들이 오기 두어 시간 전 차분히 앉아 조물조물 화관을 만들어 보자. 현관을 들어서는 그들의 머리 위에 들꽃으로 만든 것 같은 화관을 올려줄 때 보일 환한 미소는 그날의 모임을 더욱 밝게 만들어 줄 것이다.

maya's Choice
폼폰소국, 미모사, 아스트란시아, 라벤더, 씨드유칼립투스

maya's Tip

물 처리가 안되는 화관은 미리 만들어 둘 경우 시들어 버릴 수 있다. 하지만 모임 직전 화관을 만들 시간이 충분하지 않다면 전날 밤에 만들어 냉장고 안에 보관해도 된다. 꽃 보관에 최적의 온도는 10~15℃ 사이지만 냉장고 온도는 그보다 낮은 편이기 때문에 일반 냉장고에 보관시에는 꽃이 얼지 않도록 꼭 신문지와 같은 종이에 싸서 냉장고 공간 중 온도가 가장 높은 곳에 둔다.

Method

1. 머리띠 틀을 얇게 플로랄테이프로 감아서 미끄러지지 않게 한다.
2. 아주 작은 코사지를 만드는 것처럼 얼굴이 작은 꽃 두어송이를 하나로 잡고 플로랄테이프로 감아어 묶어준다.(최소 10개 묶음 정도를 미리 만들어 두고 사용하고 모자라면 추가한다)
3. 화관을 머리에 얹었을 때 머리 속으로 들어가는 부분이 아닌 곳부터 꽃묶음을 대고 짧게 뜯은 플로랄테이프로 머리 틀에 고정해 준다.
4. 꽃이 연결되어 있는 것처럼 줄기 끝에서 끝을 꽃의 머리로 가리며 테이핑으로 연결해 나간다.
5. 중간 중간 비어있는 곳은 사이즈가 맞는 꽃을 별도로 덧대어 채워준다.
6. 50cm 정도로 자른 리본을 머리띠 양쪽 틀 끝부분에 대고 플로랄테이프를 감아 부착한다.

밖에 바람은 불고,
곧 눈이나 비가 내릴 것 같고,
방안은 따뜻하지만, 코끝을 스치는 공기는 싸늘할 때,
어디에도 나가지 않고 편안한 차림으로 얇은 담요를 어깨에 뒤집어 쓴 채
폭신한 소파에 파묻히듯 앉아 따뜻한 커피를 한 모금 마실 때.
그때 눈앞에 놓인 꽃을 상상해 본다.

구수한 향의 연한 커피와,
서늘하지만 말끔한 겨울 아침 공기와 어울리는 꽃은 어떤 걸까.
한잔의 커피에 달콤한 조각 케이크를 하나 곁들인다면
또 어떤 꽃이 어울릴까?

거기에 더불어,
사랑하는 사람이 맞은 편에 앉아 같은 차림,
같은 기분으로 나를 바라봐 주고 있다면
그때는 또 어떤 꽃이 좋을까?

쉽게 구할 수 있는 용기를 활용한
플라워 디자인
집안에서 찾은 꽃병으로 만드는 홈 플라워 디자인

기분 전환용으로 구매한 알록달록한 귀여운 접시, 결혼할 때 산 비싼 그릇, 엄마가 물려주신 빈티지하고 우아한 접시세트, 독립하면서 산 실용적인 그릇. 우리는 실제로 쓰는 것보다 더 많은 그릇들을 가지고 있다.

밥 먹을 때 쓰는 그릇은 그 중 일부이다. 나머지 그릇들은 어쩌다 한번, 기분 낼 때, 손님이 와서 접시가 모자랄 때가 아니면 찬장에서 나올 일이 없다.

버리기엔 너무 새것이라, 누군가에게 줘 버리기엔 나름의 의미와 추억을 가지고 있어서 선뜻 처분하기도 어렵다. 그럴 땐 과감히 음식을 담는 그릇이 아닌 꽃을 담는 그릇으로 활용해 보자.

크고 작은 대접, 공기, 접시, 볼, 도시락, 포트, 저그와 같은 식기들은 그 자체로 이미 완성형의 화기이다. 식기의 크기와 형태, 디자인과 패턴의 특징을 살려 어울리는 꽃을 고르고 어울리는 디자인을 떠올리다 보면 사용하기 애매하다 생각했던 그릇들 모두 훌륭한 꽃병이 된다.

살다 보면 누구나 처음 가고 싶었던 길이나 가고자 했던 길이 아닌, 완전히 다른 길을 가고 있는 경우가 있다. 그럴 때면 화병이 된 그릇들을 생각해 보자. 무엇을 담느냐에 따라 용도는 바뀌지만 음식을 담든, 꽃을 담든 무언가를 담는다는 본질은 바뀌지 않는다.

또한 큰 대접이고 싶었으나 간장을 담는 종지가 되었다 한들, 그 의미까지 작아지는 것은 아니다. 종지에 요리를 담을 수 없듯 대접에 간장을 담을 수도 없다. 꽃 한 송이를 꽂든, 한 아름을 꽂든, 그건 그저 필요한 용도와 적합한 상황에 따른 것이다. 틀리거나 잘못된 것이 아니다.

무엇이 잘못되었나, 어디부터 잘못되었나 고민하는 것보다 내 안에 가장 적합한 것이 담겼는지, 그것을 가장 잘 담고 있는지 고민하는 것이 내 인생에 더 필요한 시간일 것이다.
'담는다'는 그릇의 본질에 대해 생각하며 다양한 그릇들에 꽃을 꽂다보면 본래의 쓰임과 현재의 쓰임에 대한 여러 생각이 든다.

어떻게 쓸 것인가.
어떻게 다시 한번 제대로 써볼 것인가.
어떻게 가장 아름답게 쓰일 것인가.

답은 꽃과, 그것을 담을 그릇에 있다.

Various Plates
다양한 접시에 모아 꽂기

살아 있는 꽃은 물이 필요하다. 그래서 꽃을 꽂기 위한 그릇은 대체로 물을 담을 수 있도록 오목한 형태인 경우가 많다. 하지만 줄기가 짧은 꽃들, 손님을 위한 웰컴 트레이나 테이블에 올려놓을 작은 꽃들은 깊이가 얕은 접시에 띄우듯 담아도 멋들어져 보인다. 독특해서 활용이 어렵던 접시들이 있다면 음식 대신 꽃을 올려 집 안 곳곳에 두면 센스있는 인테리어가 된다.

1. 부채꼴 접시

예쁜 열매를 골라 접시에 올린다. 줄기 길이가 어느 정도 있는 꽃이라면 깨끗하게 씻은 자갈을 쌓고 돌멩이 사이 틈에 꽃을 걸치듯 꽂는다.

maya's Choice
클레마티스 와이어, 모감주가지, 미니수박

maya's Tip
얕은 접시에 담는 꽃은 물을 너무 많이 담아야 하는 꽃이나 금방 마르는 꽃보다는 물에 띄워도 되는 꽃, 물이 없어도 되는 꽃, 이미 마른 드라이 플라워가 좋다. 줄기가 가는 꽃은 돌멩이를 사용해 고정하거나 접시에 뉘이듯 올려 놓고 줄기 끝이 물에 닿도록 해준다.

2. 가죽 접시

예쁘지만 물을 담을 수 없는 액세서리 수납용 가죽 접시에는 말려둔 드라이 플라워를 담아 보자. 마스킹테이프로 고정하면 편리하다.

maya's Choice
드라이 헬리옵시스, 드라이 홉, 드라이 스카비오사, 태산목잎 장식

3. 레몬 스퀴저

레몬즙을 짜는 돌기와 모으는 홈이 있는 레몬 스퀴저는 재미있는 형태를 활용하여 줄기가 거의 없는 꽃을 띄우듯 올리고 레몬을 함께 장식해 재미있는 연출을 할 수 있다.

maya's Choice
미니 거베라, 디디스커스, 금수 소국, 라임(레몬)

4. 티컵 소서

찻잔을 받치는 작고 납작한 소서에도 꽃을 넣을 수 있다. 찻잔 뚜껑을 소서에 올리고 목걸이의 보석알처럼 낙상홍을 둥글게 두르거나, 작은 접시에 수를 놓듯 가지와 잎을 올려 그림을 그리면 된다.

maya's Choice
낙상홍 열매, 오리목, 이반호프, 주목가지

Measuring Cup
Arrangement
계량컵 어레인지먼트

유리로 된 계량컵은 깔끔하면서도 시원한 느낌이 든다. 물을 많이 먹지 않는 식물과 꽃을 함께 계량컵에 배치하면 여름에 어울리는 주방 어레인지먼트가 될 수 있다. 쓰다가 닳아버린 천연 수세미를 잘라 군데 군데 넣고 꽃이나 가지를 함께 꽂아두면 오아시스 대신 물을 공급하는 용도로 활용할 수 있다.

maya's Choice
랜디 제라늄 분화, 엄브렐라펀

maya's Tip
다육이나 선인장 같은 식물을 사용한다면 더욱 오랫동안 볼 수 있다. 이 때 함께 사용하는 꽃은 드라이가 되어도 괜찮은 꽃을 사용하는 것이 좋다.

Method

1. 계량컵 안에 제라늄을 자연스럽게 걸쳐 넣는다.
2. 심는 것이 아니라 연출한다는 느낌으로 계량컵과 식물 사이를 굵은 마사토로 채운다.
3. 물을 적셔 적당히 자른 천연 수세미를 벽쪽에 붙여 넣는다.
4. 엄브렐라 펀을 수세미에 꽂아 우산 같은 느낌으로 연출한다.

Flowers from
My Grocery Bag

장바구니 아이템을 꽃꽂이로, 부추 침봉꽂이

소박하고도 자유로운 영감을 얻기 위해 식료품 시장 구경하는 것을 좋아하는데 시장에서 산 신선한 부추를 보고 수선화나 무스카리 잎과 비슷하다는 생각이 들었다. 부추라고 꽃꽂이 할 수 없는 건 아니지! 넉넉히 두단을 사서 한 단은 부추전을 해 먹고 한단은 어레인지먼트로 만들었다. 꼭 꽃이 아니라도 재미있는 아이디어와 다양한 자연소재로 개성있는 작품을 충분히 만들 수 있다.

꽃은 이렇게 우리 생활 가까이에 있다.

maya's Choice
무스카리, 부추 한단, 부들, 연밥, 야자잎, 홉 줄기, 지름 8cm 침봉, 치킨와이어 약간

maya's Tip

치킨와이어 조각을 원기둥 느낌으로 만들어 부추를 감싸 침봉에 세우면 안 쪽에 넣은 연밥이나 부들 처럼 길고 두툼한 소재를 고정하는 지지대가 되어 준다. 기둥 느낌으로 꽃꽂이를 하고 싶을 때 침봉과 치킨와이어를 함께 사용해 보자.

Method

1. 치킨와이어 조각을 둥글게 말아 원기둥 모양으로 만든다.
2. 부추를 치킨와이어 기둥의 겉면에 둘러 싼다.
3. 치킨와이어가 보이지 않게 부추를 덮어 싼뒤 고무줄로 고정한다.
4. 삐죽삐죽한 부추 밑단을 가위로 잘라 편편하게 정리한다.
5. 침봉에 부추 기둥을 올리고 침봉이 보이지 않도록 부추로 침봉의 가장자리를 덮어 준다.
6. 부추 기둥 안쪽 비어있는 곳에 부들, 연밥, 야자잎을 높게 꽂아준다.
7. 부추를 고정해 놓은 고무줄 위에 홉 줄기를 둘러 묶는다(잘 묶였다면 고무줄을 잘라내도 된다).

Soup Bowl for Your Soul

따뜻한 느낌의 스프볼 어레인지먼트

약간 오목하면서 둥그스름한 스프볼은 좋은 화기로 사용할 수 있다. 음식이 식지 않도록 뚜껑까지 있다면 함께 디자인에 활용해 볼 수도 있다. 뚜껑이 조금 열려 있는 틈에서 꽃이 쏟아져 나오는 모양으로 꽃다발이 걸쳐져 있는 듯 어레인지하면 한국 스타일의 햇박스 어레인지먼트가 된다. 예쁜 스프볼을 선물할 때 꽃과 함께 선물하는 것도 좋다.

maya's Choice
빨개미취, 금수 소국, 공작초, 애틀랜일락(웃들매아), 미나수박, 클레마티스 와이어

maya's Tip
자잘한 필러 위주의 들꽃 스타일 꽃들을 사용했다. 부슬부슬하게 쏟아져 나오는 듯한 느낌을 연출하기에는 크기가 크고 형태가 정형적인 매스 플라워보다는 안개같은 느낌의 꽃들을 사용하는 것이 쉽다. 용기에 물을 추가해 줄 때는 주둥이가 가느다란 물조리개를 사용하여 뚜껑의 틈으로 부어주면 된다.

Method

1. 최대한 편편한 부채꼴로 작게 핸드타이드 부케를 만든다.
2. 용기 사이즈에 맞춰 줄기를 짧게 자른 뒤 꽃을 그릇에 눕히듯 배치하고 비스듬히 닫은 뚜껑 사이로 꽃이 빠지지 않도록 리본으로 그릇과 뚜껑을 함께 묶어 고정해준다.
3. 비어 있는 곳, 푹 꺼진 곳에 준비한 꽃을 추가로 꽂아주고 포인트로 군데군데 미니수박을 꽂아준다.
4. 형태가 완성되면 리본을 살짝 풀어 미니 수박을 뚜껑 위에 올려 장식한 뒤 다시 단단히 묶어준다.

Abundant Flower
Noodle Bowl

풍성하게 보고 싶을 땐 면기 꽃꽂이

면기 어레인지먼트에는 침봉과 치킨와이어를 함께 사용해 보았다. 스프볼이나 디저트 볼보다 크기는 크지만 높이는 그렇게 높지 않은 화기를 사용할 때는 치킨와이어나 침봉 하나만 사용하는 것보다 두 가지 도구를 함께 사용하면 고정력이 높아진다. 꽃병보다 입구가 넓고 높이는 낮기 때문에 풍성한 스타일의 테이블 센터피스를 만들 때 좋은 화기가 되며 식탁이나 이야기를 나누는 테이블 중간에 놓아도 맞은편에 앉은 사람과 눈을 맞추며 이야기를 나눌 수 있다.

maya's Choice
프랑스 레드 툴립, 쿠키 거베라, 스토크, 유포르피아, 삼각잎 아카시아, 망개열매, 크리스마스 부쉬

maya's Tip

테이블 센터피스로 만들 때에는 앞면뿐 아니라 뒷면도 신경써서 만들어야 한다. 테이블 중앙에 놓일 센터피스는 앞과 뒤가 정해져있지 않고 앉아있는 사람이 보는 면이 앞쪽이기 때문이다. 그와 같은 이유로 테이블이 옆으로 긴 스타일이라면 테이블의 공간이 음식이나 차가 놓일 공간을 침범하지 않도록 앞뒤로 길게 꽂기보다는 옆쪽을 길게 빼주는 것이 좋다.

Method

1. 퍼티를 이용하여 면기 바닥에 침봉을 단단히 부착한 뒤, 면기 사이즈에 맞춰 치킨와이어를 넣고, 방수테이프로 치킨와이어가 빠지지 않게 고정한다.
2. 물을 넣어준다.
3. 전체적인 형태와 사이즈를 만들기 위해 스토크를 이용하여 대충의 레이아웃을 잡는다.
4. 튤립의 특징적인 라인을 살려 어레인지먼트의 분위기와 높이를 만들어주고, 조금 낮은 위치에 거베라를 넣어 스토크와 튤립을 연결해 준다.
5. 남은 스토크와 크리스마스부시를 사용하여 노출된 치킨와이어를 가려준다.
6. 포인트로 열매가 달린 망개나무 가지를 넣어주고 짧게만 채워준 크리스마스 부시도 긴 가지를 넣어 전체적인 밸런스를 맞춰 완성한다.

Floral Picnic
Lunch Box

기분좋은 피크닉 소품,
아기자기 꽃도시락

봄이 오면 예쁜 원피스에 목가적인 에이프런을 두르고, 푸릇푸릇한 잔디밭에 폭신한 피크닉 매트를 깔고, 알록달록 귀여운 도시락을 꺼내어 먹고 싶어진다. 요즘은 짧은 공원 소풍을 나가도 예쁜 피크닉 소품을 챙겨 기분을 내고 오는 사람들이 늘어나고 있다. 당장 소풍을 나가진 못하더라도 아끼는 우드 도시락통에 꽃을 소복하게 올리면 그 자리가 바로 봄, 공원, 소풍이다.

maya's Choice

발티카 살문 소국, 맨드라미, 공작초, 노박덩굴(까치밥), 클레마티스, 종이이비, 꽃토마토, 씨드 유칼립투스

maya's Tip

수태는 플로랄폼을 대체할 수 있는 좋은 재료 중 하나이다. 그 자체로 자연물이면서 수분 공급을 하는 역할도 꽤 잘한다. 매일 이끼가 완전히 마르지 않도록 물을 조금씩 부어준다면 오랫동안 꽃을 감상할 수 있다. 꽃이 시들고 난 뒤 남은 수태는 다시 바짝 말렸다가 재사용해도 된다.

Method

1. 용기에 불린 이끼를 도톰하게 깔아준다. 이때 용기의 높이보다 높아지지 않게, 절반 정도의 높이로 채운다. 이끼를 불리고 남은 물도 용기에 추가로 담아준다.
2. 꽃을 짧게 잘라 이끼에 살짝 꽂는데, 낮은 꽃부터 시작하여 점점 높이를 높여가며 도시락을 채운다.
3. 도시락통과 꽃의 경계가 보이지 않도록 흘러내리는 듯한 소재를 가장자리에 자연스럽게 늘어뜨리듯 꽂아준다.
4. 포인트 컬러로 노박덩굴과 꽃토마토를 넣어준다.

Magical Curry Pot
흥미로운 형태의 카레포트 침봉꽂이

늘 재미있게 생긴 그릇이라고 생각했던 카레 포트. 저그와 비슷한 주둥이를 가졌지만 높이는 훨씬 낮고, 머그컵과 같은 손잡이를 달았지만 컵으로 쓰기엔 옆으로 너무 길쭉하다. 반찬을 담기에는 조금 이국적이고 카레만 담기엔 곡선이 참 예쁘다. 가끔은 뚜껑 없는 알라딘의 요술램프 같다는 생각이 드는 카레 포트에 아주 정갈하게 꽃을 꽂아 보니 개성 있는 어레인지먼트가 완성됐다.

maya's Choice
미니 텔피늄, 라벤더

maya's Tip
꽃꽂이를 하다가 잘라낸 두꺼운 가지는 침봉꽂이를 할 때 두께 보완을 해주는 곁가지로 사용하기 좋다. 본래의 줄기 중 두꺼운 부분이 가장 좋지만 어려울 경우 비슷한 것, 단단한 것으로 대체해 주면 된다. 또한 두께를 보완해준 가지가 아닌 본래의 줄기가 물을 먹을 수 있는지 항상 꼼꼼히 확인하며 꽂아주어야 오래 볼 수 있다.

Method

1. 퍼티를 조금 떼어내 침봉 바닥에 둥글게 배치하고 포트에 꾹 눌러 부착한다.
2. 가늘어서 침봉 사이에 고정이 되지 않는 가지는 조금 두꺼운 가지를 짧게 옆에 덧대어 플로랄테이프로 감아 두께를 보완한다.
3. 라벤더를 율동감있게 꽂는다.
4. 라벤더와 미니 델피늄이 조화롭게 보이도록 미니 델피늄을 사이사이에 채워준다.

Big Jug Arrangement
큰 저그에 꽂는 빅어레인지먼트

예뻐서 샀는데 너무 크고 무거워서 음료를 담아 사용하기 어려운 저그가 있다면 꽃병으로 전격 용도 변경을 해 보자. 집안 전체를 환하게 만들 수 있는 빅 어레인지먼트를 만들 수 있을 것이다. 꽃병은 크기가 커질 수록 가격이 확 높아지기 때문에 오히려 식기류가 전용 화기보다 저렴할 수 있다.

maya's Choice
바터클라이 라넌큘러스, 아빵가르드 툴립, 네리네, 헬레보루스, 스푸스벌 장미, 에리카골드, 씨드유칼립투스

maya's Tip

곡선과 직선의 소재를 적절히 믹스하여 전체적으로 형태가 너무 무너지지는 않으면서도 부드러운 곡선의 느낌이 많이 난다. 무거운 느낌의 휘어지는 소재들은 너무 높게 올리면 불안정해 보일 수 있으니 자연스럽게 아래쪽을 향하도록 한다. 얼굴이 아래를 향할 때 너무 고꾸라진 듯 표현되지 않도록 주의한다.

Method

1. 에리카 골드로 전체적인 레이아웃을 잡는다. 화병의 크기보다 레이아웃이 줄어들지 않도록 신경쓰면서 과감하게 소재를 쓴다.
2. 화기와의 연결부분과 부드러운 곡선은 씨드 유칼립투스를 사이사이 넣어준다.
3. 그린과 옐로우를 연결하는 역할로 헬레보루스를 군데군데 넣는다.
4. 버터플라이 라넌큘러스를 에리카 골드와 함께 전체적으로 배치하여 노란빛을 살린다.
5. 튤립으로 묵직하지만 부드러운 곡선을 표현한다.
6. 네리네를 높게 꽂아 포인트를 표현한다.

Boiling Stew Pot
Flower Arrangement

찌개 대신 보글보글 뚝배기 꽃꽂이

뭔가 새로운 느낌의 작품을 만들고 싶은데 영감이 떠오르지 않을 때는 음식을 관찰해 보자. 매일 먹는 흔한 식단을 꽃으로 옮긴다면 어떤 느낌일지, 어떤 꽃을 사용하면 좋을지 상상하다 보면 어느새 아이디어가 슬그머니 떠오른다. 그 음식이 담기는 식기를 화기로 활용한다면 더욱 센스있는 작품이 된다.

뚝배기를 보니 보글보글 끓는 된장찌개가 생각나 작은 일인용 뚝배기에 채소와 꽃을 함께 꽂아보았다. 저녁 식사나 지인을 초대한 홈파티의 식탁 위에 올린다면 식사에 초대된 사람들에게 작은 미소를 선물할 수 있을 것이다.

maya's Choice
칼랑코에, 다알리아, 버섯, 청경채, 솔방울, 실고추

maya's Tip

장을 보다가 예쁘게 생긴 채소나 과일을 발견했다면 꽃꽂이에 활용해 보는 것도 재미있고 입체적인 작품을 만들 수 있는 방법이다. 줄기가 없는 과일이나 야채는 그 자체의 형태를 이용하여 철사로 줄기를 만들어 사용한다.

다만 과일을 잘라 단면이 보이게 사용할 때는 과즙이 흘러서 파리나 벌레가 꼬여 식사 자리에 놓는 꽃에는 적합하지 않을 수 있으므로 주의해야 한다. 꼭 사용해야 한다면 드러난 과일 단면에 헤어스프레이를 미리 살짝 뿌려 놓으면 조금 도움이 된다.

Method

1. 작은 뚝배기에 맞게 치킨와이어를 재단하여 넣고, 방수테이프로 고정한 다음 보글 보글 끓는 느낌을 내기 위해 칼랑코에 꽃을 전체적인 베이스로 깔아 준다. 이때 꽃의 얼굴만 보이도록 짧게 꽂아 준다.

2. 칼랑코에 사이에 다알리아를 꽂아 준다.

3. 청경채와 팽이버섯에 U자형으로 구부린 철사를 관통한 뒤 방수테이프로 감아 고정한다.

4. 표고버섯처럼 윗면이 넓적한 버섯은 관통하지 않고 기둥이나 다리에 철사를 대고, 솔방울은 비늘에 철사를 걸듯이 댄 뒤 테이프로 감아 고정한다.

5. 와이어처리를 한 채소는 다알리아 중간 중간에 꽃처럼 꽂는다.

6. 포인트로 실고추를 꽂아주고, 마지막으로 치킨와이어가 드러난 곳은 칼랑코에를 꽂아 가려준다.

Ice Cool Glass Bowl
시원하게 연출하는 어항 얼음볼

공처럼 둥근 유리 어항볼은 생각보다 활용하기 쉽지 않다. 보통은 사방 어느 쪽에서나 감상할 수 있는 독특한 형태의 화기에 이끼를 넣어 테라리움을 만드는 용으로 사용한다. 하지만 둥글고 투명한 어항볼을 보니 투명한 얼음을 가득채우면 시원해 보일 것 같았다.
실제 얼음을 채우면 금방 녹아버릴 수 있어 모형 얼음을 가득 채우고 그 사이에 꽃을 꽂아보니 별도의 꽃 고정장치 없이도 꽃이 잘 고정되었다.

maya's Choice
아네모네, 망개나무 열매

maya's Tip
얼음의 크기나 형태가 다른 종류를 두 가지 정도 섞어서 사용하면 얼음의 틈이 좀 더 밀도 있게 채워져 고정력이 좀 더 높아진다. 디자인에 따라 컬러가 들어간 모형 얼음을 사용하는 것도 좋다. 모형 얼음은 생각보다 많이 들어가기 때문에 미리 화병의 크기를 잘 파악하여 준비한다.

Method

1. 모형 얼음을 어항볼 가득 채워주고 물은 2/3 정도만 채워준다. 얼음보다 물을 많이 채우면 모형 얼음이 물에 둥둥 뜨게 되어 꽃이 모형 얼음 사이에 꽂히지 않는다.
2. 아네모네를 원하는 위치에 얼음 사이로 조심스럽게 꽂아 넣는다. 아네모네처럼 속이 피어 있는 줄기는 꽂을 때 부러지지 않도록 주의한다.
3. 망개나무 열매를 아네모네 사이에 꽂으며 사이즈와 형태를 잡아 준다.
4. 꽃이 잘 고정되지 않는다면 모형 얼음을 이용하여 줄기를 파묻듯이 북돋아 준다.

생각하지 못했던 곳에 꽂혀있는 꽃을 보면 웃음이 난다.
그래서 기분이 울적하면 오늘은 어디에 꽃을 좀 꽂아볼까 고민을 한다.
'여기에도 꽃을 꽂았어?'라고 하며 그 꽃을 발견해주고
함께 웃어주는 사람들을 만나면 다시 힘이 난다.
아니, 그런 장면을 상상하며 꽃을 꽂는 것만으로도
가라앉았던 기분은 다시 두둥실 떠오른다.

공간 장식으로 확대된 플라워 디자인

집, 공간 그리고 꽃

우리는 지금까지 한 송이의 꽃에서 시작하여 하나의 컵을 채우고, 포트와 저그를 채우고, 웰컴 화관을 만들어봤다.

이제 남은 건 그 공간 자체.

화기 속에 꽃을 넣고, 꽂는다는 생각의 프레임을 넓혀서 공간이 곧 꽃일 수 있게, 공간과 꽃이 어우러진 모습을 상상해 보자.
집은 우리가 먹고, 자고, 쉬고, 사람들을 만나고, 일을 하는 곳이다. 팬데믹을 겪으며 집의 용도는 더욱 다양해지고 일상을 보내는 공간의 중요성은 더욱 커졌다. 그러나 일상은 쉽게 익숙해지고, 익숙함은 편안함을 넘어 지루함과 권태로움을 가져오기도 한다. 일상을 보내는 집 역시 마찬가지이다. 늘 같은 곳, 같은 모습이기에 지루하고 권태롭게 느껴질 수 있다.
그러나 우리에게는 사계가 있다. 너무나 다른 네개의 계절, 또 그 계절이 바뀌는 찰나의 과정에서 보이는 다채로운 빛과 색들. 창문 밖의 세상을 조금 빌려와 일상을 깨우는 용도로 사용한다면 우리의 삶은 또 얼마나 다채로워질까. 그 많은 용도를 수행하는 집을 꽃과 함께 하는 곳으로 만든다면 얼마나 멋질까.
하지만 기억하자. 이곳은 일상의 공간. 꾸민다하더라도 본질을 바꾸거나 감추려 하면 안된다. 모든 것은 자연스럽게 어우러질 수 있어야 한다. 어우러지되 나의 개성이 묻어나야 하고, 나의 개성이 묻어나되 함께 보는 사람들의 눈에 거슬려선 안된다.
또한 소중한 꽃을 내어준 자연에 감사하는 마음으로 사치스럽지는 안되, 그 꽃이 가지고 있는 최고와 최상의 아름다움을 이끌어내려고 해야 한다.
이 노력을 통해 우리는 지루한 일상에서 벗어나 계절의 아름다움을 느끼고 시간의 흐름이 주는 변화에 겸손함을 배울 수 있다. 이보다 더 멋진 도(道)가 어디에 있겠으며 이보다 쉬운 깨달음이 어디에 있을까싶다.
다시 한번 꽃이 얼마나 멋진 존재인지 알게 된다.

Table Styling
without Technique

테크닉 없이도 스타일리시한
테이블 스타일링

집에 있는 여러 종류의 공기, 종지, 잔을 활용하는 테이블 스타일링은 들이는 수고에 비해 꽤 괜찮은 결과물을 낼 수 있는 꽃장식이다. 단순히 꽃만 꽂아 연결하면 재미가 없어 문구용 펀치로 엽란에 구멍을 뚫고 그 사이로 가느다란 꽃을 넣어보았다. 꽃 사이에 자연스럽게 여백이 생기면서 시원한 느낌이 난다. 더 많은 그릇을 옆으로 늘어 놓아 연결한다면 대형 테이블 세팅도 손쉽게 완성할 수 있다.

maya's Choice
금계국(또는 코스모스), 유니폴라, 팬지, 디디스커스, 엽란

maya's Tip
잎을 펀치로 뚫어 구멍을 내는 건 심플한 디자인에 포인트를 주기 쉬운 방법이다. 모든 종류의 잎에 활용할 수 있는 건 아니고, 조금 도톰하고 물 내림이 거의 없는 잎 종류에 적합하다. 엽란, 몬스테라, 태산목, 구름비, 고무나무, 알로카시아 등의 잎이 모두 가능하다.

Method

1. 적당한 크기의 공기와 잔을 준비한다. 5~6개 정도면 8인용 식탁을 꾸미기 적당하다.

2. 침봉이 있다면 퍼티를 사용하여 침봉을 화기에 고정하고, 침봉이 없다면 조약돌로 화기를 채운다.

3. 문구용 펀치를 사용하여 엽란에 불규칙한 구멍을 뚫어준다. 구멍은 그 자체로 장식적 효과를 줄 수도 있고, 꽃을 고정하는 용도로도 사용되므로 뚫기 전 어떤 형태로 꽃을 꽂을지 생각하면서 뚫는 것이 좋다. 어느 한쪽에 그룹핑을 할 건지, 일렬로 꽂을 것인지 등 같은 소재로도 다양한 연출이 가능하다.

4. 테이블 위에 화기를 지그재그로 세팅을 하고 양 끝 화기에 엽란을 꽂아 준다. 엽란의 방향은 잎끝이 안쪽으로 마주 보도록 한다.

5. 미리 뚫어 놓은 구멍을 통과하여 꽃을 꽂는다. 길고 가느다란 꽃들은 너무 짧지 않게 꽂아주고 화기에 줄기 끝이 꼭 들어가 물을 먹을 수 있도록 조약돌 사이에 넣어 고정한다.

6. 엽란의 구멍 외에 바깥쪽과 안쪽의 빈 부분에 팬지처럼 짧고 자연스러운 느낌의 꽃들을 넣어 어색하지 않게 마무리 해준다.

Moon Jar
Arrangement

둥글고 넉넉한 느낌 그대로,
달항아리 꽃꽂이

한국적인 화기 중 대표적인 것을 꼽자면 달항아리가 아닐까 싶다. 보름달처럼 동그스름하고 통통한 배와, 따뜻한 아이보리 컬러까지.
간단히 한국적인 아름다움을 표현하고 싶을 때 화기 하나를 바꾸는 것만으로도 답을 찾을 수 있다. 둥근 화기에 어울리는 둥그스름하고 큼직한 꽃을 둥그스름하게 꽂아주면 너무 쉽게 커다란 어레인지먼트를 완성할 수 있다.

maya's Choice
그린 앤틱 수국, 화이트 수국, 레드베리

maya's Tip
작은 꽃들이 모여 하나의 큰 꽃 한 송이처럼 보이는 수국은 자칫하면 덩어리처럼 보여 지루할 수 있다. 수국만 꽂는 것보다 수국의 덩어리진 꽃들 사이로 가느다란 가지를 꽂아 주면 단순한 형태에 재미를 줄 수도 있고, 조금 더 섬세한 느낌이 난다. 수국 역시 두 가지 정도로 컬러를 준비하여 믹스하면 재미있게 연출할 수 있다.

Method

1. 달항아리 테두리를 따라 수국을 두르듯 꽂아 준다.
2. 위로 쌓듯 수국을 올려 꽂는다.
3. 동그스름한 솜사탕 느낌으로 수국을 꽂은 뒤 덩어리감을 깨줄 수 있는 레드베리를 중간 중간 꽂아준다.

Terracotta
Plant Pot

식물 대신 화분에 꽂은 꽃

구멍을 메우기만 한다면 그 어떤 화분도 화기로 사용할 수 있다. 예쁜 화분에 꽃을 꽂아보고 싶은데 화분의 물 빠짐 구멍 때문에 좌절해 본 적이 있다면 생각을 조금만 전환해 보자.

어떤 형태나 재질을 가졌든 간에 물만 흐르지 않게 할 수 있다면 내가 원하는 곳 어디라도 꽃을 꽂을 수 있는 것이다. 구멍이 뚫린 화분에 물이 새지 않는 그릇을 겹쳐 넣는 간단한 방법을 활용하면 문제가 해결된다.

maya's Choice 바커부쉬, 에리카골드, 미모사, 부르니아

maya's Tip

화분이라는 화기의 특성을 활용하여 꽃 대신 폴리지 소재만 사용해 식물을 심은 것처럼 어레인지했다. 폴리지 소재는 드라이가 잘 되기 때문에 일반적인 꽃꽂이보다 더 오랫동안 감상할 수 있다는 장점이 있다. 꽃을 두고 싶지만 자주 교체해 주기 어려운 곳, 개업 화분 대신 꽃선물을 하고 싶을 땐 폴리지 어레인지먼트로 구성해 보는 것도 좋은 방법이다.

2

Method

1. 좋아하는 토분에 들어가는 알맞은 화기를 준비한다. 너무 쑥 들어가는 것보다는 입구에 걸리듯 걸쳐지는 정도의 크기가 좋다.
2. 안쪽 화기는 미리 침봉을 부착해 두고, 윗부분에 치킨와이어를 넣어준 뒤 방수테이프로 화기를 연결한다.
3. 물을 넣는다.
4. 바커부쉬를 이용하여 전체적인 레이아웃을 잡는다. 정형적인 형태보다는 화분에 식물이 자라는 것처럼 자유로운 형태로 꽂아본다.
5. 에리카골드를 바커부쉬 사이 사이에 꽂아준다. 그룹핑으로 한쪽은 바커부쉬, 안쪽은 에리카골드로 구획을 나눠 꽂는 비율을 조정해도 된다.
6. 에리카골드 영역에 미모사와 부루니아를 포인트로 꽂아주고 반대편은 남은 바커부쉬를 꽂아준다.

4

6

Big Table
Decoration

파티와 웨딩을 위한 대형 테이블 장식

작은 모임과 파티, 웨딩이 자리를 잡아가는 시대다. 작은 이벤트를 위한 준비 중 가장 효과적인 것은 테이블 센터피스일 것이다. 그 아무리 대단한 그림과 장식품이 있더라도 호스트와 게스트가 앉아 음식을 나눠 먹고 술잔을 부딪히는 테이블 위의 아름다운 꽃 한 송이보다 빛나보일 수 없다. 지금까지는 음식만 늘어놓던 테이블 한 가운데 내 취향을 가득 담은 센터피스를 한번 올려 보자. 대화를 나누는 식탁에는 '롱 & 로우 (Long & Low)' 센터피스를 올리면 큰 모임, 큰 테이블이더라도 문제없다. 작은 센터피스를 여러 개 세트로 만들어 올려 두면 패턴이 만들어지고 패턴은 곧 의도한 디자인으로 보이게 된다.

maya's Choice

픽샌드 장미, 카라멜 카네이션, 파스타 거베라, 칼랑코에, 막스 소국, 옐로스 살몬 소국, 왁스플라워, 오리목

1

3

5

maya's Tip

테이블의 길이나 크기에 따라 2개 이상을 제작하여 연결할 수 있다. 여러개의 센터피스를 연결할 때는 가운데 들어가는 센터피스의 양 끝 중 한 쪽은 가지들을 길게 빼지 않고 툭 잘린듯 마무리해야 연결 시 어색함이 없다. 잘린듯 마무리 된 부분이 바로 두개의 센터피스를 붙여주는 부분이다.

아주 긴 센터피스를 조각케이크 자르듯 여러 조각으로 나누어 잘랐다고 생각하고 각각의 피스를 만들어 주는 것이 좋다. 약간의 길이만 연장을 해야한다면 센터피스에 사용한 꽃과 동일한 꽃을 작은 종지나 꽃병에 조금 꽂아서 옆에 놓아주면 시각적으로 더 크고 긴 하나의 센터피스처럼 보일 수 있다.

Method

1. 폭이 좁고, 길고 높이가 낮은 화기에 불린 수태를 도톰하게 깔고 치킨와이어를 세팅한 뒤 고정한다.

2. 베이스로 사용할 왁스플라워를 짧게 잘라 꽂으며 형태를 구성한다. 화기의 형태를 따라 앞뒤는 납작하게, 옆으로 길게, 높이는 낮게 꽂아야 한다.

3. 필러 플라워 인 소국을 더해 공간을 먼저 조금 더 채워준다.

4. 장미 잎을 뒤로 꺾어 조금 더 큰 꽃 봉오리를 만들어 어레인지해도 좋다.

5. 베이스 꽃 사이로 메인이 되는 퀵샌드 장미와 카라멜 카네이션을 그룹핑하며 꽂는다. 그룹핑은 같은 종류나 컬러의 꽃을 서너 송이씩 뭉쳐서 꽂는 것을 말한다. 그룹핑을 하더라도 꽃들 각각의 높낮이는 조금씩 다르게 해 준다.

6. 집중이 필요하거나 시선을 끌었으면 하는 자리에 액센트 플라워인 파스타거베라와 오리목을 꽂고 빈 자리를 남은 필러 플라워를 사용해 채워준다. 전체적인 높이에 크게 변화가 없도록 주의한다.

Oriental Tray
Flower Arrangement

수반에 꽂는 동양의 멋

수반은 특별한 매력이 있다. 물을 담는 곳이 나지막하면서도 넓어 꽃을 '꽂는다'는 것이 조금 어렵게 느껴지지만 오히려 화기가 크게 드러나지 않아 꽃들이 자연스럽게 보인다는 특징이 있다. 다만 일종의 '쟁반'이기에 꽃의 줄기를 길게 꽂을 경우 이동 시 휘청이거나 작품이 넘어질 수 있어 만든 뒤 위치를 옮기기보단 원하는 위치에서 만들어 비치하는 것이 좋다. 동양 스타일의 수반 꽂이는 침봉이 다소 드러나기도 하고, 수반의 물이 들여다 보이기도 하지만 여기에서는 치킨와이어로 수반 위를 덮어 고정력과 꽃을 꽂을 수 있는 면적은 늘리고 이끼로 표면을 덮어 심어 놓은 듯한 느낌을 주기로 한다.

maya's Choice
아네모네, 마가렛, 홍홍 스노우볼 소국, 캄팜코에, 석유화 가지, 능수버들, 냉이즙

maya's Tip

구조물을 사용한 어레인지먼트는 너무 빽빽하게 소재를 채우는 것보다 약간의 투명함이 드러나게 구조물 사이사이로 꽃들이 여유있게 보여야 한다. 너무 많은 양의 꽃을 사용하지 않도록 주의하고 높낮이를 여유있게 조정하면 투명도를 해치지 않고 어레인지 할 수 있다.

Method

1. 수반 바닥에 퍼티를 이용하여 침봉을 단단하게 고정한다.
2. 치킨와이어를 수반을 덮듯 씌워준 뒤 방수 테이프로 고정한다.
3. 능수버들을 둥글게 말아 고리처럼 만들어 와이어로 묶는다. 서로 다른 형태와 사이즈로 몇 개의 능수버들 고리를 만들어준다.
4. 능수버들 고리로 전체적인 레이아웃을 잡아주며 침봉에 꽂는다.

5. 능수버들 고리가 일종의 구조물의 역할을 하게 되므로 길게 늘어진 가지 끝부분은 치킨와이어에 뜨개질하듯 끼워서 자연스럽게 고정한다.
6. 아네모네를 중요한 위치에 꽂고 마가렛, 소국 등을 추가하여 화이트 컬러의 영역을 만들어준다.
7. 설유화 가지를 사이 사이에 꽂아주고 낮은 부분은 칼랑코에를 넣어 그린과 화이트를 연결한다.
8. 물에 불린 이끼를 드러난 치킨와이어 위에 덮어준다. 틈이 좁아 손이 들어가지 않는 곳은 자른 가지 중 적당한 것으로 찔러 넣듯 넣어 덮는다.

Classic Urn Arrangement

서양화의 한 장면 같은 언 어레인지먼트

클래식한 느낌의 화기를 하나만 꼽으라면 동양적인 느낌으로는 수반이 있고 서양적인 느낌으로는 언(Urn)이 있다. 위로 갈수록 넓어지는 언은 언뜻 보면 트로피 같기도 하고, 아주 큰 와인잔 같기도 하다. 옆으로 퍼지는 스타일이나 위로 상승하는 스타일 모두 잘 어울리는 만능 화기이기도 하다. 적당한 사이즈의 언을 하나 갖춰두면 계절에 따라 서로 다른 꽃과 스타일을 바꿔가며 어레인지할 수 있다. 여기에서는 가장 기본적이고 대중적인 디자인을 소개한다. 꽃의 컬러나 종류를 바꾸는 것만으로도 다양하게 활용할 수 있을 것이다.

maya's Choice
심비디움, 카푸치노장미, 뷰뷰젤라 장미, 브라우니 튤립, 스위트피, 스트레사 소국, 남천

maya's Tip

처음 남천으로 만든 레이아웃의 뼈대 안에서 형태를 잡는 것이 중요하다. 레이아웃과 무관한 꽃이나 가지가 너무 많으면 처음과는 전혀 다른 형태로 완성될 가능성이 높다. 또한 위로 상승하는 느낌을 주려면 양옆과 앞뒤에 꽃들이 너무 길게 나오지 않도록 주의한다.

Method

1. 안쪽이 깊은 언 안에 페트병의 밑부분을 자른 통을 넣어 높이를 높여준 뒤, 치킨와이어를 세팅하고 방수테이프로 고정한다.
2. 남천 가지로 레이아웃을 잡는다. 양옆으로 너무 길지 않게 가지를 넣고 위쪽으로 높은 가지를 넣는데, 전체적으로 V자, 또는 U자의 형태가 되도록 한다.
3. 부부젤라 장미와 카푸치노 장미를 각각 양쪽에 따로 그룹핑한다. 하지만 두 그룹이 너무 뚝 떨어져 보이지 않고, 중간중간 연결되도록 꽃을 섞어 꽂는다.
4. 필러로 소국과 스위트 피를 채운다.
5. 브라우니 튤립을 군데군데 넣어 곡선의 느낌을 준다.
6. 포인트가 되는 위치에 심비디움을 꽂는다.

Simple Wreath
Made by Hands
손으로 사부작 사부작, 개성있는 심플 리스

리스는 원형으로, 시작과 끝이 없는 영원함, 불변함, 영생을 의미하는 작은 조형물이다. 이 작은 조형물은 종교적인 의미를 갖기 때문에 주로 크리스마스 시즌에 현관문에 걸어 손님들을 환영하고 불순한 기운을 쫓아내는 역할을 하기도 하지만 사실 어느 계절에 만들어도 재미있고 즐겁다.

만드는 방법은 어렵지 않지만 조용히 앉아 꽤 긴 시간 집중해야 하기 때문에 차분히 작업을 할 수 있는 때나 몰입하고 싶을 때 추천한다. 말라도 변형이 거의 없는 소재로 리스를 만든다면 짧게는 한 달에서 길게는 6개월까지 두고 감상할 수 있다.

maya's Choice
삼나무, 구상나무, 씨드유칼립투스, 편백, 블루버드, 디클라스

maya's Tip

드라이 플라워는 마를 수록 수분이 빠지고 부피가 줄어들기 때문에 처음 만들 때는 조금 빽빽한 듯, 풍성하게 만드는 것이 좋다. 같은 이유로 와이어로 가지를 묶을 때 나뭇가지를 파고들 정도로 꽉 묶어주어야 마르면서 묶어둔 부분이 풀리거나 빠지지 않는다.

또한 어떤 잎들은 마를 때 원래의 형태대로 마르지 않고 구불구불하게 꼬이는 경우도 있으므로 말랐을 때 어떤 형태가 되는지 꼭 확인 하고 재료를 고르는 것이 좋다. 예를 들어 구름비 나무는 앞뒤로 휘어지듯 굽슬굽슬한 느낌이 나고, 낙상홍은 건드리지 않으면 열매가 떨어지지 않지만 아주 작아지고, 태산목은 잎의 앞뒷면 컬러가 다른데 마를 수록 비슷하게 갈색 빛을 띈다.

또한 집안의 인테리어나 취향에 따라 크리스마스 오너먼트를 추가하거나 리본을 달아주어도 좋다.

Method

1. 준비한 소재들을 10~15cm 내외로 커팅하여 27호 가는 와이어로 묶어준다. 하나의 묶음은 가지 5~6개 정도를 섞어 엮어 작은 가지 묶음을 20~25개 정도 미리 준비한다(가지의 두께나 잎의 양에 따라 조절한다).

2. 리스 틀에 한 줄로 길게 감겨 있는 패들 와이어 한쪽 끝을 감아 고정한다. 와이어는 세게 당기면서 감게 되므로 리스 틀에 고정할 때 풀리지 않도록 롱노우즈를 사용하여 꽉 감아준다.

3. 준비한 가지 묶음을 45도 정도로 살짝 세워 리스 틀 위에 올리고 가지 끝 부분을 패들 와이어로 당기듯 감아 준다.

4. 와이어가 감긴 부분 위에 새로운 가지 묶음을 살짝 겹치듯 올리고 가지 끝 부분을 다시 패들 와이어로 꽉 당기며 감아 나간다. 전체적으로 가지 묶음을 계속 연결하듯 끝부분을 조금씩 겹치며 와이어로 감아서 한바퀴를 모두 감는다.

5. 한바퀴를 모두 돌린 뒤 비어 있는 부분을 중심으로 다시 한번 가지 묶음을 덧대어 풍성한 원형이 되도록 감아 준다(작은 가지 묶음이 부족하다면 필요한 만큼 더 추가하여 만든다).

6. 전체적인 형태를 모두 완성한 뒤 패들 와이어를 10cm 정도 여유있게 커팅한 뒤 리스 뒤쪽으로 바느질 하듯 감겨 있는 와이어와 리스틀의 틈을 활용하여 엮어서 고정한다.

Dingle Dangle
Cheerful Hanging Decoration

대롱대롱 경쾌한 행잉데코

천장이나 레일조명에 끈을 달고 장식을 고정할 수 있다면 행잉 장식을 만들어 보는 것도 좋다. 테이블 위쪽에 매달면 식사 시간이 즐거워지고, 비어 있는 벽이나 조명 사이에 달면 계절감 있는 장식이 될 것이다. 어디에 달든 공간의 전체적인 분위기가 달라지기 때문에 분위기의 반전을 주고 싶은 곳이라면 행잉 데코를 추천한다. 다만 천장에 매달 경우 떨어지지 않도록 단단히 고정할 수 있는 후크를 달고 무게를 최대한 가볍게 만들어야 한다.

maya's Choice
냉이꽃, 스트레사 소국, 남천, 설유화 가지, 활참나무

maya's Tip

완성된 행잉 데코에는 적당한 리본이나 끈을 달아 천장에 달아주는데, 끈이 보이는 것이 싫다면 투명한 낚싯줄을 사용하면 좋다. 매달아 두고 색의 변화 없이 오랫동안 생생하게 감상하고 싶다면 안개꽃이나 스타티스, 시넨시스 같은 꽃들을 사용하는 것을 추천한다.

Method

1. 작은 치킨와이어 조각을 둥글게 뭉쳐 공처럼 만든다.
2. 작은 내추럴폼 조각은 물을 충분히 먹인 뒤 치킨와이어로 쌈을 싸듯 감싸준다.
3. 와이어로 치킨와이어볼과 내추럴폼 쌈을 가지에 단단하게 묶어준다. 단, 물 처리를 한 폼을 가지에 달면 전체적인 무게가 무거워지기 때문에 베이스가 되는 마른 가지가 부러지지 않도록 튼튼해야 한다.
4. 치킨와이어 볼에 냉이초를 자연스럽게 꽂아준다. 치킨와이어 볼처럼 동그란 공 모양보다는 사방으로 소재가 뻗어나가듯 길이감을 조절해 주는 것이 좋다.
5. 내추럴폼 쌈에는 소국과 남천, 설유화 가지를 꽂아준다.
6. 위와 아래, 양옆에서 보았을 때 안쪽이 들여다보이지 않도록 꼼꼼하고 튼튼하게 소재를 넣는다.

Flower
Wall Decoration

밋밋한 곳의 포인트 벽장식

시원한 컬러의 꽃으로 벽과 선반에 파도가 치는 듯한 형태의 월데코를 만들었다. 공간 장식 중 천장이나 벽 등 물을 추가하기 어렵고 누수가 걱정되는 장소에 작품을 만드는 경우 물 처리가 필요하지 않은 꽃, 말라도 컬러나 형태의 변화가 많지 않은 꽃들로 제작한다. 이런 꽃들로 작품을 만들 때는 충분한 여유를 가지고 시간이 날 때마다 조금씩 완성해보자.

maya's Choice
안개꽃, 시네시스

maya's Tip

처음에는 작은 틀에서 시작한 데코가 얼마나 크게 완성될지 알기 어렵다. 초보라면 공처럼 작은 틀부터 조금씩 시작하는 것이 좋다. 특히 치킨와이어 틀을 방수테이프로 벽에 고정하기 때문에 각각의 데코는 너무 무겁지 않게 만드는 것이 중요하다. 영구적으로 고정할 경우 타카 등으로 틀을 벽에 고정하는 것이 좋다. 또한 꽃이 마를 수록 부피가 줄어들기 때문에 꽃은 풍성하게 촘촘히 꽂아 주어야 하고, 만약 시간이 지나 틀이 보인다면 꽃을 추가해 주어도 된다.

Method

1. 데코할 벽을 정하고 치킨와이어로 틀을 만들어 준다. 치킨와이어의 크기보다 꽃의 길이로 조절할 수 있기 때문에 틀을 너무 크지 않게 만든다. 틀이 너무 무거우면 꽃을 꽂고 난 뒤 떨어질 수 있으니 작은 치킨와이어 틀 여러 개를 연결하여 크기를 키우는 것을 추천한다.
2. 방수 테이프를 고리처럼 걸어 치킨와이어 틀 가장자리 부분에 3~4개 정도 달아 준다.
3. 데코를 설치할 벽에 치킨와이어를 부착한다. 무게가 무거워 떨어질 것 같다면 테이프를 추가로 보강해 준다.
4. 꽃을 짧게 잘라 치킨와이어의 구멍을 채워준다.
5. 어느 정도 틀이 채워지면 조금씩 길이가 긴 꽃을 꽂아 전체적인 형태를 만들어 간다.
6. 컬러 그라데이션이 필요한 부분에 다른 컬러의 꽃을 꽂아 전체적인 컬러를 구성한다.

Flower Photo Spot in My House

파티의 포토스팟, 꽃 기둥 만들기

어떤 파티는 떠들썩한 모임이 되기도 한다. 음악과 웃음이 넘치는 파티라면 즐거운 시간을 사진으로 남기는 것도 중요한 일이다. 사진을 찍을만한 곳이 없다면 포토스팟을 직접 만들어 보는 건 어떨까? 꽃 기둥과 예쁜 의자 하나라면 누구나 꽃에 둘러싸인 로망의 사진을 찍을 수 있다. 플라워 포토스팟을 만들어 두면 파티에 오는 누구나 입을 다물지 못할 것이다.

maya's Choice
파이어 파스타 카베르네, 알스트로메리아, 레드마블 소국, 스윗핑크 장미, 판백, 바 카부쉬, 다큐멘스, 크로시아, 이반호프, 구상나무, 주목, 냉이초, 코끼리, 낙상홍, 꽃슴베들, 꽃도 페인트를 칠한 느티나무 가지

maya's Tip

기둥의 높이가 높아질 수록 튼튼하게 기초를 만들 필요가 있다. 치킨와이어만으로 만든 기둥은 무게가 늘어 날수록, 높이가 높아질수록 휘청이게 되어 있다. 그럴땐 치킨와이어로 만든 베이스를 관통하는 가지를 단단한 것으로 꽂아 주어야 한다. 만약 사람의 키 만큼 큰 기둥이나 아치를 만든다면 틀의 베이스를 치킨와이어가 아니라 나무가지나 기둥으로 시작하는 것이 좋다.

Method

1. 길이가 긴 바스켓을 거꾸로 뒤집어 설치할 곳 바닥에 둔다. 바스켓의 높이가 높지 않다면 바스켓 위에 물통을 하나 뒤집어 올린 뒤 방수 테이프로 둘을 연결해 준다.

2. 치킨와이어 망을 바스켓을 전체적으로 둘러 주는데, 원하는 꽃 기둥의 높이만큼 위쪽까지 치킨와이어를 높여준 뒤 케이블 타이나 와이어를 이용하여 단단하게 고정한다. 둘러준 치킨와이어를 구겨가며 원하는 기둥의 모양을 잡아주는데 위로 갈수록 뾰족한 형태가 좋다.

3. 치킨와이어 안쪽에 크고 작은 패트병을 넣고 케이블 타이로 고정한다. 패트병에는 물을 채운 뒤 꽃을 꽂아 줄 예정이므로 꽃이 들어갈 위치를 잘 확인하여 부착한다.

4. 곱슬버들 가지를 전체적으로 치킨와이어 기둥을 둘러가며 꽂아서 기초를 단단하게 만들어 준다. 꽂는 것만으로는 단단하게 고정되지 않는다면 와이어로 묶어서 고정한다.

5. 골드 느티나무가지도 중간중간 넣어서 형태와 포인트를 잡아 준다.

6. 편백 가지를 짧게 잘라 치킨와이어에 전체적으로 꽂아 베이스를 만들어 준다.

7. 전체적인 형태가 잘 잡혔는지 확인하고, 베이스 형태를 따라 구상나무, 주목 등을 넣는다.

8. 바커부시, 이반호프, 더글라스 등 특징적인 소재들을 배치한다.

9. 물 처리가 필요한 꽃은 배치한 물통 안에 줄기 끝이 들어가도록 꽂아준다.

10. 포인트가 되는 낙상홍과 코치아 등을 꽂아준다

11. 스툴 아래의 어색한 부분은 이끼와 자갈 등으로 덮어 감춰준다.

12. 높이가 조금 다른 두 개의 기둥을 만들고 포토샷을 찍을 수 있는 작은 의자를 옆에 놓아준다.

꽃을 시작하면서 마음에 품은 꿈이 하나 있다.
내 꽃을 키우고 싶다는 것.

집 앞에 펼쳐진 넓은 정원에 매 계절 씨를 뿌리고, 물을 주고, 풀을 뽑고, 벌레를 쫓고,
결국 피어난 소중한 한 송이 한 송이의 꽃을 조심스레 잘라
그 꽃으로 매일 작은 플라워 클래스를 여는 것이 내가 언젠가 이루고 싶은 꿈이다.
처음 이 꿈을 생각하고 얼마나 가슴이 두근거렸는지 모른다.
너무 완벽하다고 생각했다.
정원과, 꽃과, 사계절과, 꽃을 가르치는 삶이라니..
능숙함과는 거리가 먼 아마추어 농부가 키워낸
벌레 먹은 꽃, 조금 비뚜름한 꽃들이 가득 넘쳐날
나의 교실 겸 집이 될 곳을 상상하며
조금씩 연습하고 설계하고 나이들어 가고 있다.

꽃다발에 계절감 한 스푼 더하기

한 단계 더, 계절을 느낄 수 있는 핸드타이드 부케 디자인

세상에서 가장 쉽고 간단한 꽃꽂이 방법은 무엇일까?
가장 쉽고도 가장 오래된 방법은 부케(Bouquet)를 만드는 것이라고 생각한다.
마음에 드는 꽃을 한 손에 모아 하나로 묶은 뒤 적당한 길이로 다듬어 어울리는 꽃병에 꽂는 것이 꽃다발의 시작이자 플라워 디자인의 시작이었을 것이다. 꽃다발을 만드는 방법은 아주 간단하고도 직관적이다. 꽃다발 하나만 제대로 만들 줄 알면 사계절의 꽃을 모두 즐길 수 있다. 어떻게 보면 두 손만 있으면 되는 것이니 어렵지도 않다. 특별한 날 선물을 하거나 기념을 하기에도 좋다.

Making a Bouquet   핸드타이드 부케의 기본테크닉

꽃다발, 부케, 핸드타이드

부케는 꽃다발의 영어(실은 불어에서 온 단어지만)식 표현이다. 부케(Bouquet)=꽃다발이라고 봐도 무방하다. 하지만 유독 우리나라에서는 결혼식 때 신부가 드는 꽃다발을 부케라고 부르는 경우가 많다. 정확하게 말하면 신부용의 꽃다발은 웨딩부케(Wedding Bouquet), 또는 브라이덜 부케(Bridal Bouquet) 등으로 구분한다.

그렇다면 핸드타이드(Hand-tied)는 무엇일까?
가끔 부케, 꽃다발, 핸드타이드를 혼용하여 사용하는 경우가 있다. 하지만 핸드타이드는 '손으로 묶은, 손으로 잡은, 손으로 엮은' 등으로 번역된다. 그러므로 핸드 타이드는 홀로 쓰이는 단어가 아니라 부케를 수식해주는 단어로 사용되는 것이다. '핸드타이드 부케(Hand-tied Bouquet)'는 손으로 잡아서 만든 꽃다발이라는 뜻이므로 결국 꽃다발이다.
종종 '핸드타이드를 배운다', '핸드타이드를 가르친다'라는 식으로 표현하는 탓에 초보자들은 핸드타이드가 부케를 만드는 특별한 기술이나 테크닉이라고 인식하기도 하지만 거의 모든 부케는 손으로 만들기 때문에 부케=꽃다발=핸드타이드부케라고 보면 된다.

바인딩과 바인딩 포인트의 이해

꽃다발을 만드는 것에 있어 가장 중요한 개념이 무엇이냐고 묻는다면 바인딩(Binding)이라고 대답할 것이다.

어딘가(주로 화기, 화병)에 꽃을 넣거나, 꽂거나, 고정하는 것이 꽃꽂이(Arrangement)라고 한다면 꽃다발은 손을 화기 삼아 꽃을 잡고 그것을 하나의 묶음으로 묶어서 완성한다. 꽃 하나하나가 화병 안에서 제 자리를 차지하고 있으며 하나씩 꺼낼 수 있는 것이 꽃꽂이라면, 꽃다발은 단어 안에 '다발'이라는 말이 들어 있는 것처럼 하나로 묶여있는 것이다. 묶지 않거나 묶음이 풀어진다면 우리는 그 꽃을 꽃다발이라고 부를 수 없다. 꽃이 하나로 묶여있어야 마침내 꽃다발이 된다. 그것을 '바인딩'이라고 부른다. 꽃다발은 바인딩이라는 행위로 완성되고 꽃다발로 정의내려진다.

그리고 바인딩(꽃다발을 묶는 것)하는 지점을 바인딩 포인트(Binding Point)라고 부르며 바인딩 포인트는 전체적인 꽃다발의 길이와 크기를 결정해 준다. 꽃다발의 크기가 커지려면 바인딩 포인트(묶는 지점)가 너무 위로 올라가서는 안 된다. 반대로 아담한 사이즈의 꽃다발을 만드려면 바인딩 포인트를 너무 낮게 잡으면 안된다.

또한 바인딩 포인트는 꽃을 정리하는 선의 기준이 되기도 한다. 꽃다발을 보면 묶여 있는 부분 위쪽으로는 꽃이 풍성하지만 아랫쪽으로는 깔끔하게 정리된 줄기만 보인다. 그러므로 꽃다발을 만들 때는 만들 꽃다발의 사이즈를 미리 생각하고, 그에 맞는 바인딩 포인트를 정한다. 그리고 재료를 다듬을 때 바인딩 포인트를 기준으로 아래쪽은 잔 잎과 가지를 모두 깨끗하게 정돈해 주어야 한다. 화병 꽃이를 할 때 물에 들어가는 부분은 잔 잎과 가지를 깔끔하게 정리해 주는 것과 같다. 바인딩 포인트 아랫부분이 물에 잠기는 부분이라고 생각하면 된다.

스파이럴의 이해

꽃다발을 만들 때 사용하는 가장 흔하고 또 쉬운 테크닉이 바로 '스파이럴(Spiral)'이다. 스파이럴은 나선형이라는 뜻으로 줄기의 배열이 나선형으로 배치되기 때문에 그렇게 부르고 흔히 대부분의 꽃다발을 제작할 때 사용하는 방법이다.
흔히 부케 수업에서 표현하는 '스파이럴로 잡은 핸드타이드 부케'라는 것은 풀어서 말하자면 나선형으로 줄기를 배열한, 손으로 만든 꽃다발이라는 뜻이다. 줄기의 배열이 나선형이라는 것은 꽃을 잡을 때 줄기를 일자로 세워 한꺼번에 합치거나 이쪽저쪽으로 배치하여 줄기가 엉키지 않게 한쪽 방향으로만 잡아준다는 것이다.

보통은 오른손잡이를 기준으로 하기 때문에 왼손으로 만들어지는 꽃다발을 잡고, 오른손으로 새로운 꽃을 더하여 꽃다발을 만든다. 맨 처음 잡는 꽃은 수직으로 잡고, 두 번째부터 잡는 꽃은 꽃의 얼굴을 왼쪽, 줄기의 끝을 오른쪽으로 가도록 꽃을 수평으로 눕힌 뒤, 원하는 각도만큼 세워준다. 꽃이 늘어날 수록 꽃이 세워지는 각도가 점점 둔각이 되기 때문에 가장 처음에 잡은 꽃은 거의 수직이지만 마지막에 잡는 꽃은 거의 수평에 가깝게 된다. 또한 스파이럴 꽃다발은 특성상 가장 먼저 잡는 꽃이 가장 가운데 부분에 들어가고 가장 나중에 잡는 꽃이 가장 바깥쪽 가장자리에 들어가게 된다. 어떤 꽃을 먼저 잡고 어떤 꽃을 나중에 잡느냐에 대한 순서는 이것을 생각하며 조절하면 되는데, 안쪽에서부터 바깥쪽으로 점점 꽃을 쌓아 나온다고 보면 된다.

스파이럴 방식으로 꽃다발을 만들 때 가장 어려운 점이 바로 꽃을 추가할 때 어떤 방향으로 꽃을 넣어야 줄기들이 엉키지 않고 나선형이 되느냐인데, 처음에는 왼쪽에서 오른쪽으로(시계방향으로) 꽃을 채우되, 뒤쪽에 꽃을 넣고 싶을 때는 꽃을 180도 돌린 뒤 동일한 방법으로 꽃을 추가하면 된다.

꽃을 돌려가며 같은 방향으로 채우면 당연히 손을 바꿀 때마다 꽃이 흐트러지게 되지만 스파이럴은 줄기를 엉키지 않게 하는 것이 핵심이기 때문에 모든 꽃을 다 잡은 뒤 높낮이를 다시 매만져줄 수 있다. 바인딩을 하기 전, 쑥 내려간 꽃을 끌어올리거나 너무 튀어나온 꽃을 끌어 내려 형태를 쉽게 매만지고 수정할 수 있다. 이 과정에서 꽃의 높낮이를 조절하는 것이 어렵고 무언가 중간에 걸린 듯한 느낌이라면 줄기의 배열이 잘못되었다는 뜻이기도 하다.

꽃 구성 방법의 이해

예쁜 꽃다발을 만드는 건 만드는 것은 얼마나 스파이럴을 능숙하게 하느냐, 포장을 화려하게 하느냐에 있지 않다. 테크닉은 연습 횟수와 시간에 비례하여 누구든 발전한다. 지금 어설픈 이유는 연습이 부족하기 때문이다.
그러나 기계와도 같은 속도, 줄기의 배열, 깔끔한 포장이 최고의 꽃다발을 만들어주지는 않는다. 그것은 결국 부차적인 것이다. 꽃다발에서 가장 중요한 것은 무엇보다도 꽃이다.
싱싱하고 상태가 좋은 꽃을 고르는 것이 첫 단계라면, 결과적으로 아름다운 꽃다발을 결정하는 건 그중 어떤 꽃으로 꽃다발을 구성하는지이다. 꽃의 컬러, 형태, 길이, 크기 등등 수많은 기준들이 있지만 여기에서는 우리나라의 사계를 기준으로 샘플을 제시해 보고자 한다. 계절은 작품을 만들기에 영감을 얻기 가장 좋은 수단이기도 하고, 제철 꽃이 가장 아름답게 보이는 시기이기도 하다. 내가 계절에서 가장 큰 힌트를 얻을 수 있는 것은 컬러색와 텍스처라고 할 수 있다. 지금 어떤 꽃다발을 만들어야 할지 잘 모르겠다면 창밖으로 보이는 계절의 느낌을 관찰해 보자. 화단에는 어떤 꽃들이 있는지, 가로수 잎의 색은 어떤지, 하늘의 느낌은 어떻고, 바람의 온도는 어떤지를 세밀히 살펴보고 그것들이 주는 느낌을 어떤 색과 질감으로 표현할 수 있을지 떠올려 보자.
일단 어떤 팔레트로 색을 채울 것인지를 먼저 결정하고, 계절이 주는 느낌에 따라 적절한 텍스처를 가진 소재들을 골라 보자. 그러려면 그 계절에 어떤 꽃들이 많이 나오는지, 계절 특유의 느낌은 무엇인지 늘 관찰하고 기억하려는 노력이 필요하다.

컬러와 텍스처를 결정했다면 매스플라워, 필러 플라워, 폴리지 등으로 카테고리를 나누어 재료를 준비한다. 구성하는 꽃 카테고리의 종류는 플로리스트의 의도에 따라 얼마든지 달라질 수 있다. 하지만 특정한 의도를 작품으로 표현할만큼 경험이 없다면 꽃을 구입할 때 다음과 같이 나누어 종류별로 준비해 보자.

매스 플라워/폼플라워(Mass Flower/Foam Flower)

덩어리 꽃이라고 이해하면 쉽다. 줄기 한 대에 한 송이의 꽃이 큰 덩어리처럼 피어있는 꽃으로 장미, 거베라, 라넌큘러스, 해바라기 같은 꽃이라고 보면 된다. 얼굴이 큰 편이기 때문에 주로 꽃다발 안에서 주인공의 역할을 하는 편이다.

필러 플라워 (Filler Flower)

말 그대로 채워주는 꽃이다. 매스 플라워는 둥글고 덩어리가 큰 편이기 때문에 매스 플라워 한 가지로만 꽃다발을 구성할 경우 꽃과 꽃 사이가 비어 보이고 뭉쳐보이지 않는다. 그때 작고 보슬보슬한 꽃들로 꽃 사이사이를 채워주는데 흔히 잘 아는 소국, 플록스, 안개꽃, 왁스 플라워, 스프레이 장미, 미니 델피늄 등 한대의 줄기에 작은 꽃이 여러 송이 달려 있는 것이라고 보면 된다. 조연의 역할을 한다.

폴리지 (Foliage)

그린소재라고도 표현하는데, 꽃이 아니라 잎이나 열매 등을 가진 재료를 말한다. 꼭 녹색의 잎이 아니더라도 각 계절에 맞게 나오는 나무나 씨방(Seed Box)을 사용하면 계절감을 살리기에 아주 좋은 재료가 된다. 때에 따라 엑스트라 같은 역할을 하거나, 감초 조연의 역할을 한다고 보면 된다.

액센트 플라워 (Accent Flower)

꽃다발에 약간의 개성을 더할 수 있는 꽃으로 매스가 될 수도, 필러나 폴리지가 될 수도 있다. 어떤 꽃이든 소량을 넣어 분위기를 반전시키거나 주제를 더 돋보이게 할 수 있는 꽃이라면 사용 가능하다. 주로 아주 독특하게 생긴 꽃을 많이 사용하는데, 글로리오사, 안스리움 같은 꽃이나 부들, 망개, 연밥과 같은 열매나 씨방도 많이 사용한다. 씬스틸러 같은 역할을 한다.

구성하는 꽃의 카테고리를 나누었을 때 그 꽃들을 어떤 비율로 섞느냐 역시 중요한 포인트이다. 언제나 공식이 정해져 있다기 보다 무엇을 어떻게 표현하고자 하는지를 먼저 생각하고 정하는 것이 좋다.
보통 평범한 꽃다발의 경우에는 주인공을 30~40%, 조연을 40~45%, 감초나 엑스트라를 10~20%, 씬스틸러를 5~10% 정도로 구성하면 어색하지 않게 준비할 수 있다. 이 비율은 절대적인 것이 아니라 어디에 방점을 찍어 집중하고 싶은지에 따라 얼마든지 바뀔 수 있다. 연습을 반복하며 그 비율을 조금씩 조절하다 보면 내 스타일을 찾을 수도 있고 비율에 따라 달라지는 특유의 분위기나 느낌의 차이도 알 수 있다.

뒤에 소개할 각 계절의 꽃다발들은 최대한 계절감을 살릴 수 있도록 해 보았다. 다른 사람이 느낀 사계는 어떤 것인지 슬쩍 살펴 볼 수 있도록 컬러 팔레트를 함께 표기해 두었다.
언제나 그렇듯 정답은 없다. 나의 봄, 나의 여름, 나의 가을, 나의 겨울은 나라는 필터를 거쳐서 표현된다. 제시된 샘플들을 절대적인 정답이라고 생각하는 것보다 나의 계절을 표현하려면 어떤 것이 바뀌면 좋을지, 어떤 것으로 대체할 수 있을지도 함께 생각해 보자. 그리고 나의 꽃다발은 어떻게 구성하면 좋을지 떠올려 보자.

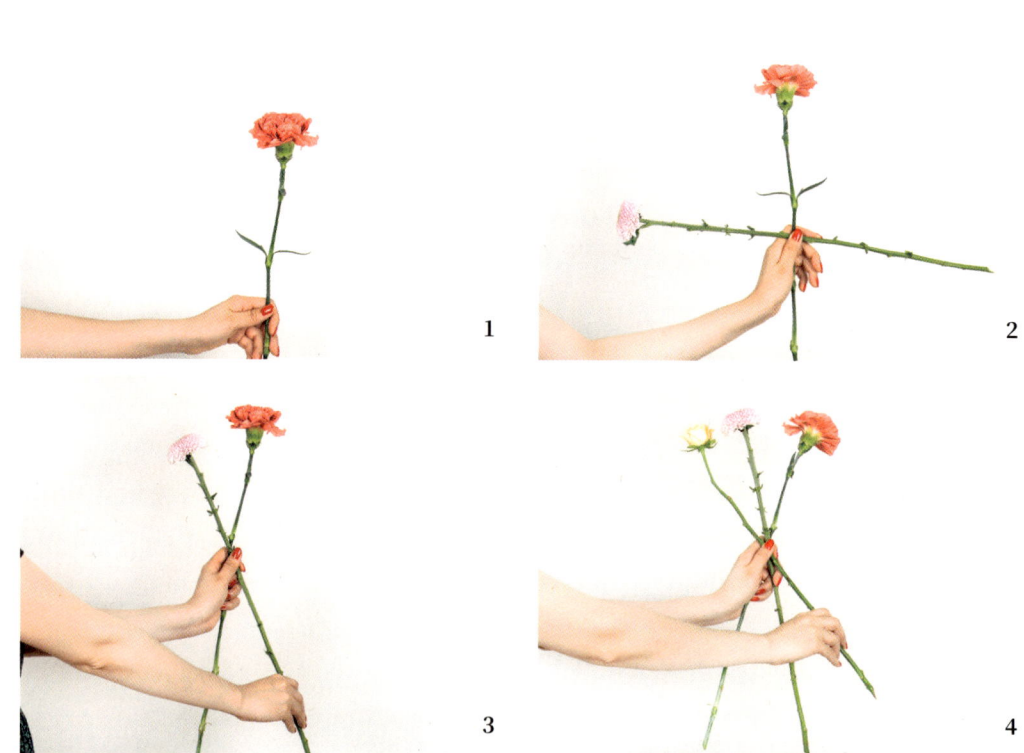

Method

1. 바인딩 포인트 아래쪽의 잎과 가지는 모두 훑어내고, 부러지거나 시든 부분도 깔끔하게 잘라낸 뒤, 가장 기준이 되는 꽃을 왼손에 잡는다(오른손잡이라면 반대로 한다).

2. 오른손으로 정돈된 꽃 중 하나를 들고 꽃의 머리가 왼쪽으로 향하게, 줄기 끝이 오른쪽으로 향하게 수평으로 뉘어 십자가 모양으로 댄다.

3. 시계방향으로 눕힌 꽃을 돌려세운다. 처음 잡은 꽃이 90도라면 두번째 꽃은 완전히 바로 세우지 않고 85° 정도로 살짝 기울어진 정도로 세우고 잡는다.

4. 세 번째 꽃도 동일하게 수평으로 뉘어 십자 모양으로 대고 시계방향으로 돌려세운다. 세 번째 꽃은 두 번째 꽃보다 조금 더 눕는다.

5. 같은 방법으로 1/3 정도의 꽃을 잡아준 뒤 오른쪽 옆면과 뒷면에 꽃을 넣기 위해 꽃을 돌려준다. 이때 잡은 꽃이 흩어지지 않도록 오른손으로 꽉 잡고, 시계방향으로 돌린 뒤 왼손으로 돌아간 방향을 앞쪽으로 오게하여 받아 든다.

6. 1번에서 5번을 반복하고 다른 면에 꽃을 넣어야 한다면 6번을 반복한다.

7. 준비한 꽃을 모두 잡았다면 플로랄테이프의 끝점을 왼손 엄지로 1cm 정도 여유있게 잡은 뒤, 손목 스냅을 이용하여 한 바퀴 돌려준다. 꽃을 쥔 손은 테이핑이 완료될 때까지 절대 위치를 옮기거나 움직이면 안 된다. 여러 차례 꽃다발이 단단히 고정될 때까지 플로랄테이프를 둘러 감아주는데, 이때 팔을 너무 높게 올리면 꽃다발을 돌리기가 어렵다. 강도가 약한 플로랄테이프가 중간에 끊어진다면 그 자리에서 다시 겹쳐서 감아준다.

8. 바인딩이 끝나면 적당한 길이로 줄기를 다듬어 준다. 꽃을 꽂을 꽃병의 길이에 따라 줄기를 재단하면 되는데 줄기가 너무 긴 것보다 짧은 것이 꽃의 수명에도 도움을 준다.

9. 일자로 줄기를 모두 커팅한 뒤 사선으로 하나씩 다시 잘라주면 동일한 길이로 맞춰 자르기가 더 쉽다.

Spring Bouquet

풋풋하고 수줍은 느낌의 봄부케

귀여운 느낌, 생기가득한 느낌을 내기에 봄꽃만한 것이 없다. 다만 봄의 생기는 원색의 느낌 보다 조금 더 상큼함이 살아 있어야 한다. 그래서 빨강보다는 핑크나 라이트 오렌지, 녹색보다는 연두, 핫핑크보다 베이비 핑크 등으로 강렬함을 조금 줄이는 것이 좋다. 봄을 생각할 때 떠오르는 어리고 여린 느낌을 그대로 꽃으로 옮겨 오면 된다. 봄에 나오는 꽃들은 대체로 파스텔톤인 경우가 많기 때문에 컬러를 고르는 것이 어렵지는 않다.

maya's Choice

망고튤립, 코메디아 라넌큘러스, 스위트피, 캄파눌라, 서퍼거베라,
샌더소니아, 아미초, 스카비오사, 냉이초

maya's Tip

아직 겨울의 흔적이 남아있는 3~4월에는 날씨가 서늘하기 때문에 꽃시장이나 꽃집에서 막 사 온 꽃들이 빠르게 피지 않는다. 반대로 만개한 꽃을 사용해야 한다면 시간이 조금 더 필요하다. 천천히 피우면서 보는 것이 아니라 웨딩 부케처럼 지금 바로 만개된 상태여야 하는 상황이라면 꽃이 필요한 날짜보다 2~3일 정도 먼저 꽃을 사서 상온에서 조금 피운 다음 사용한다.

Summer Green Bouquet

초록의 소재를 모아 만든 시원한 여름부케

더운 여름에는 꽃의 수명이 길지 않다. 금새 축 늘어지고 물도 방금 탁해진다. 이럴 때는 꽃 보다 폴리지 소재로만 꽃다발을 만들어 보는 것도 좋다. 알록달록한 꽃들로 만든 꽃다발보다 독특하고 시원한 느낌이 난다. 폴리지로 만든 그린 부케는 꽃보다 말리기 쉽기 때문에 그대로 말려서 드라이 플라워 부케로 만들 수도 있다.

maya's Choice

그린 엔틱수국, 브러싱 브라이드, 붓들레아, 레이디스 멘틀, 어저귀, 오이초,
씨드 유칼립투스, 강아지풀, 바커부시, 이반호프

maya's Tip

꽃이 없는 꽃다발이라고 하지만 꽃이 아예 없는 것보다 그린소재와 어울리는 컬러의 꽃이나 소재와 비슷한 느낌의 거친 꽃을 함께 사용하면 꽃이 없어 심심한 느낌이 좀 덜하다.

여름에 많이 나오는 수국, 브러싱 브라이드, 스모크트리 같은 것들을 추천한다. 특히 수국은 핑크나 블루처럼 컬러가 있는 것보다 그린의 앤틱 수국을 사용하면 금방 시들지도 않고, 드라이도 가능하다.

또한 그린 부케를 만들 때 그린이라는 컬러의 한정성에서 오는 지루함을 없애려면 '그린'이라고 묶인 하나의 컬러를 여러 가지로 풀어내는 것이 중요하다.

새싹같은 연두색, 짙은 녹색, 회색빛이 섞인 녹색, 노랑에 가까운 연두색, 빛바랜 녹색, 광택이 있는 녹색 등 같은 '그린'이지만 한 가지 색이 아닌 그린들을 다양하게 찾아 믹스해보자.

Autumn Bouquet

수확의 계절에는 열매로 풍성한 가을 부케

열매와 씨방의 소재들이 나오면 가을이 가까이 온 것을 느낀다. 꽃의 생애는 새싹에서 시작해 씨앗을 만들어 내는 것으로 끝나는데 봄에 나오는 꽃들이 조금 새싹같은 느낌이 나고, 여름에 나오는 꽃들이 짙은 녹음의 느낌이 나는 것처럼 가을의 꽃들은 이제 곧 꽃잎을 떨구고 열매를 맺을 듯한 느낌이 난다. 이렇게 하늘하늘한 가을의 꽃들과 씨앗을 날릴 준비를 하는 씨드박스들, 이미 열매가 맺힌 가지들로 꽃다발을 엮으면 그야말로 '풍성하다'는 느낌이 절로 든다.

maya's Choice

코스모스, 뚱딴지꽃, 소국, 마트리카리아, 칼랑코에, 헬레보루스, 부추 씨방, 로자 열매, 갈대, 실고추

maya's Tip

갈대나 클레마티스 씨방 같은 소재들은 바람에 씨앗을 날려 번식하는 것들이다. 이런 소재를 사용할 때는 너무 많이 익은 것들은 피하는 것이 좋지만 꽃병에만 꽂아두어도 시간이 지날 수록 점점 익어가기 때문에 씨앗이 날리는 것을 막기는 어렵다. 사전에 헤어 스프레이 같은 것을 뿌려서 조금 고정해 놓고 크게 건드리지 않는 것이 좋다.

정원이나 텃밭을 가꾸고 있다면 겨울이 오기 전 마지막으로 핀 꽃 한 송이나 수확을 하지 않은 파나 부추의 꽃을 꽃다발에 슬쩍 넣어보아도 분위기가 난다. 이름을 모르는 잡초의 마른 가지 역시 좋은 소재가 된다.

Winter Bouquet

강렬하고 섬세한 겨울 부케

겨울에는 너무 많은 색을 섞는 것보다 한 가지 색으로 만드는 부케가 잘 어울린다. 크리스마스처럼 떠들썩하고 화려한 이벤트가 아니라면 심플하고 깨끗한 눈 쌓인 들판 같은 느낌이 조화롭다. 화이트톤을 쓸 때 화이트와 그레이, 실버로 팔레트를 넓히면 조금 더 섬세한 표현이 가능하다.

maya's Choice
샤넬장미, 아네모네, 마조리카장미, 스위트피, 라이스플라워,
시넨시스, 아르젠또 폼폼소국

maya's Tip
화이트톤의 꽃다발은 컬러를 제한한 만큼 지루하지 않게 표현하는 것이 관건이다. 블랙이 섞인 아네모네, 블랙의 염료를 꽃잎 끝에만 물들인 샤넬장미로 블랙&화이트 대비를 주는 것으로 포인트를 주었다.

계절감을 살리는 컬러 팔레트 추천

특정한 계절에 사용하는 특정한 컬러의 꽃들이 있는 건 아니지만 계절감을 살릴 수 있는 색들이 있다. 특히 꽃다발은 화병, 화기가 없이 꽃만으로도 빛나야 하기 때문에 컬러의 구성이 중요하다. 계절마다 그 계절의 느낌을 최대로 끌어올리기 위한 컬러 배합과 대표적인 소재가 무엇이 있는지 살펴보자.

봄 Spring

베이비 톤, 또는 파스텔톤의 꽃이 많이 나오고 또 잘 어울리는 계절이다. 꽃들의 느낌 역시 여리여리하고 순진한 아기같은 것들이 많다. 꽃잎이 얇고 섬세한 꽃들이 대부분이므로 꽃잎의 섬세한 느낌을 표현하는 것에 중점을 두면 좋다.

봄 느낌을 낼 수 있는 대표적인 추천 꽃들
라넌큘러스, 버터플라이 라넌큘러스, 아네모네, 튤립, 스카비오사, 디디스커스, 니겔라, 스위트피, 포피, 작약, 미니 델피늄, 설유화, 조팝나무, 냉이초

여름 Summer

원색적이고 직접적인 색의 꽃을 써도 부담스럽지 않은 계절이다. 크기가 크고 화려한 꽃들을 좋아한다면 여름은 과감한 도전을 하기 좋은 계절이다. 큼직큼직하고 시원시원한 느낌으로 소재를 구성하고 잡는다.

여름 느낌을 낼 수 있는 대표적인 추천 꽃들

리시안셔스, 해바라기, 금잔화, 다알리아, 수국, 극락조화, 알륨, 헬레늄, 루드베키아, 용담초, 미국자리공, 여뀌, 하이페리쿰, 꽃댕강나무

계절감을 살리는 컬러 팔레트 추천

가을
Autumn

가을에는 그 어느 때보다도 꽃과 열매와 씨드박스 등 다양한 텍스처를 만날 수 있다. 꼭 꽃이 아니더라도 이 시기에만 나오는 소재들을 적당히 믹스한다면 풍성하고 알찬 느낌의 부케를 구성할 수 있다.

가을 느낌을 낼 수 있는 대표적인 추천 꽃들
메리골드, 까치밥, 코스모스, 천일홍, 백일홍, 카페라떼 장미, 퀵샌드 장미, 피치 팡팡 소국, 수수, 갈대, 부들, 로자열매, 연밥

겨울 Winter

겨울은 흰 눈과 크리스마스를 대표하는 화이트 & 그린 & 레드 컬러가 대표적인 컬러다. 시즌의 느낌이 어느 때보다 강한 시기이기에 겨울의 차분하고 깨끗한 느낌을 표현하고 싶다면 화이트, 그린, 실버톤을, 크리스마스 특유의 발랄하고 설레는 느낌을 표현하고 싶다면 딥레드와 딥그린을 추천한다.

겨울 느낌을 낼 수 있는 대표적인 추천 꽃들

클레마티스 씨드, 파스타 거베라 파이어, 홍장미 소국, 코치아, 크리스마스 부쉬, 브루니아, 목화, 헬레보루스

꽃, 자연스러운 마무리

길다면 길고, 짧다면 짧은 여정이 이제 모두 끝났습니다.
여기까지 함께한 여러분들은 꽃과 함께한 시간이 어떠셨나요.

꽃과 조금 더 가까워졌나요?
꽃이 더 어렵게 느껴지나요?
꽃에 대해 더 알고 싶은 욕심이 생겼나요?

이 질문에 대한 답이 모두 '그렇다' 라면 저는, 그리고 이 책은 제 역할을 다했다고 볼 수 있겠네요. 여러분이 꽃에 대한 관심과 흥미를 가질 수 있도록 하는 것이 목표였으니까요.
꽃은 긴 준비 시간을 거쳐 꽃망울을 터뜨리고, 가장 아름답지만 짧은 만개의 시간을 지나 다시 흙으로 돌아갑니다. 우리가 꽃과 만나는 짧은 시간은 그 과정 중 하나일 뿐이지만 말 그대로 꽃의 화양연화를 만나게 되는 시간이죠.

저는 꽃이 어느 특별한 날, 특별한 순간을 위해 존재하는 몸값은 비싸고 쓸모없는 존재가 아니라 우리의 삶을 더 생기있게 만들어 주는 조력자가 되길 바라며 이 책의 모든 꽃을 다듬고 꽂고 사진과 글로 남겼습니다.
자연스럽게 그렇게 되었기를 진심으로 바랍니다.
언제나 작은 꽃과 같은 날들을 보내시길 바랍니다.

한송이 꽃부터 시작하는 플라워 스타일링

ECO FLOWER RECIPE

발행일	2020년 1월 21일 초판1쇄 발행
지은이	문혜정
펴낸이	이지영
진 행	최윤희
디자인	Design Bloom 이다혜
펴낸곳	도서출판 플로라
등 록	2010년 9월 10일 제 2010-24호
주 소	경기도 파주시 회동길 325-22
전 화	02.323.9850
팩 스	02.6008.2036
메 일	flowernews24@naver.com

ISBN 979-11-90717-64-9

이 책은 저작권법에 의해 보호받는 저작물이므로
도서출판 플로라의 서면 동의 없이는 복제 및 전사할 수 없습니다.